성민 기억법 영어회화

SUNGMIN MNEMONIC ENGLISH CONVERSATION
(LEARNING KOREAN WITH IMAGE ASSOCIATION)

This textbook is designed to learn Korean and English at the same time as quickly as possible.

이 교재는 영어와 한국어를 동시에 배울 수 있게 제작되었습니다.

INTRODUCTION (서문)

"성민기억법 영어회화 학습법"에 대해 말씀드리겠습니다.

우리는 과거에 중·고등학교, 대학교에서 영어를 10년 이상 배웠지만, 막상 외국에 나가서 영어를 써보려면 입이 떨어지지 않습니다. 시험을 위한 독해력 위주의 영어만 공부했지 정작 외국어 공부의 목적인 회화공부를 등한시했기 때문입니다. 한편 영어회화를 공부를 했더라도 수많은 영어표현을 제대로 알고 있는 사람은 많지 않습니다. 사람의 암기능력은 한계가 있기 때문입니다.

영어를 잘하는 사람들을 보면 대부분 특출한 기억력의 소유자들입니다. 인류문명 5천 년 이래 첨단 과학시대인 현재까지 암기는 천자문 외듯이 무작정 암기하는 수 외엔 없었습니다. 더러 이런저런 암기법이 유튜브 등에 소개되어 있는데 그 방법을 터득하기 위해선 또 암기학원에 다녀야 할 정도로 쉽지 않습니다.

이 책에서 소개하는 기법은 '이미지 연상 기억법'입니다. 우리의 뇌는 한번 본 사람의 이름은 기억하지 못해도 얼굴은 아주 오래 기억합니다. 글자나 의미보다 형상(image)을 쉽게 기억하는 것입니다. 또 그 기억은 연관성을 통해 다른 이미지를 쉽게 끌어낼 수 있습니다.

본 교재는 외국생활에서 부딪히는 각상황별 주제에 '열 개의 그림'과 그를 표현하는 '열개의 영어회화 문장'으로 구성되어 있습니다. 각 그림은 임팩트한 소재로 묘사되었으며 각 그림을 떠올리면 그 안에 내포된 키워드가 보이고 그 키워드는 표현하려는 문장의 핵심단어로서 그로부터 문장 또한 자동적으로 떠오르도록 만들어졌습니다. 내용은 시사·문학·영화 등에서 따온 10개의 문장을 스토리텔링 기법으로 작성하여 공부가 재미있고 한번 보면 거의 영구히 두뇌에 기억되도록 하였습니다.

총 60편 중 10편은 여행영어, 35여 편은 생활영어, 15편은 명작영화와 소설의 위주로 구성된 중급영어입니다. 현재 한국의 '영어 말하기 능력순위'는 세계 120위 (영어능력 35위)로서 국력에 비해 매우 부끄러운 수준입니다. 단언하건대 이 교재는 영어학습자 여러분의 수고를 십 분의 일로 줄여 줄 것입니다. 이것은 이미 강의를 통해 검증되었습니다. 또한 이 교재는 외국인을 위한 '한국어교재'로서도 똑같은 효력을 발휘한다고 봅니다.

교재 41. TARZAN AND JANE (타잔과 제인) 은 유튜브에 올려 놓았으니 참조바랍니다.

INTRODUCTION

(for the Korean language learner)

I will tell you about this textbook, name of "Sungmin mnemonic of English Conversation Learning Method." This book was originally created for Koreans to learn English super fast.

However, if you change the title, position of the text (English) and translation (Korean) of the textbook, I think it will have the same effect on 'learning Korean'. Koreans (including Japanese and Chinese) have learned English for more than 10 years in the school, but when they go abroad and try to speak English, their mouths do not fall apart.

This is because they only studied English for reading comprehension for the exam, but neglected the study of conversation, which is the purpose of studying a foreign language.

On the other hand, even if they have studied English conversation, not many people remember a lot of English expressions properly. This is because human memorization is limited.

Conversely, for an English-speaking person to learn an Asian language, it takes more than 5 times (2000 hours) of time to learn a similar language. If you look at people who are good at foreign language, most of them have exceptional memory.

From the 5,000 years of human civilization to the present, the era of cutting-edge science, memorization has been nothing but reckless memorization as if memorizing a thick sutra. Therefore, ordinary people had no choice but to fail in acquiring other languages (non-similar languages).

The technique introduced in this book is the 'image association memory method'. Even if our brain cannot remember the name of a person it has seen once, it remembers his face for a very long time. It is easy to memorize images rather than letters or meanings as if taking a picture in the brain. And that memory can easily pull out other images through association.

This textbook consists of ‘ten pictures’ and ‘ten conversational sentences’ that express them in each situation encountered in foreign life.

Each picture is described as an impact material,

and when you think of each picture, you can see the keywords contained in it, and the keywords are the key words of the sentences you want to express, and the sentences are also made to automatically emerge from them.

For the content, 10 sentences from current events, literature, and movies were written using storytelling techniques so that studying is fun and once seen is remembered almost permanently in the brain.

Out of a total of 60 chapters, 10 chapters are travel English, 35 chapters are beginner's English, and 15 pieces are intermediate English, mainly composed of masterpiece movies and novels. I assure you, if you are a 'begining learner of Korean', this textbook will reduce your effort to speak basic Korean by one-tenth.

INTRODUCTION
(한국어 학습자를 위한 서문)

"성민기억법 영어회화 학습법"에 대해 말씀드리겠습니다. 이 책은 원래 한국인이 영어를 초고속으로 습득하기 위해 만들어졌습니다. 허나 교재의 제목과 본문(영어)과 번역(한국어)의 위치만 바꾸면 '한국어 학습'에도 똑같은 효과를 발휘할 걸로 봅니다.

한국인(일본인, 중국인 포함)은 중·고등학교, 대학교에서 영어를 10년 이상 배웠지만, 막상 외국에 나가서 영어를 써보려면 입이 떨어지지 않습니다. 시험을 위한 독해력 위주의 영어만 공부했지 정작 외국어 공부의 목적인 회화공부를 등한시했기 때문입니다. 한편 영어회화를 공부를 했더라도 수많은 영어표현을 제대로 암기하고 있는 사람은 많지 않습니다. 사람의 암기능력은 한계가 있기 때문입니다. 그 반대로 영어권의 사람이 아시아계 언어를 배우려면 유사한 언어학습에 비해 5배 이상(2000시간)의 시간이 필요합니다.

영어(외국어)를 잘하는 사람들을 보면 대부분 특출한 기억력의 소유자들입니다. 인류문명 5천 년 이래 첨단과학시대인 현재까지 암기는 두꺼운 경전을 통으로 외우듯이 무작정 암기하는 수 외엔 없었습니다. 그런고로 보통의 일반인들은 타 언어(비유사 언어)의 습득에 실패할 수밖에 없었습니다.

이 책에서 소개하는 기법은 '이미지 연상 기억법'입니다. 우리의 뇌는 한번 본 사람의 이름은 기억하지 못해도 얼굴은 아주 오래 기억합니다. 글자나 의미보다 형상(image)을 대뇌에 사진 찍듯이 기억하는 것입니다. 또 그 기억은 연관성을 통해 다른 이미지를 쉽게 끌어낼 수 있습니다.

본 교재는 외국생활에서 부딪히는 각 상황별 주제에 '열 개의 그림'과 그를 표현하는 '열개의 회화 문장'으로 구성되어 있습니다. 각 그림은 임팩트한 소재로 묘사되었으며 각 그림을 떠올리면 그 안에 내포된 키워드가 보이고 그 키워드는 표현하려는 문장의 핵심단어로서 그로부터 문장 또한 자동적으로 떠오르도록 만들어졌습니다. 내용은 시사·문학·영화 등에서 따온 10개의 문장을 스토리텔링 기법으로 작성하여 공부가 재미있고 한번 보면 거의 영구히 두뇌에 기억되도록 하였습니다. 총 60편 중 10편은 여행영어, 30여 편은 초급생활영어, 20여 편은 명작영화와 소설의 위주로 구성된 중급영어입니다. 단언하건대 당신이 '초급 한국어습득자'라면 이 교재는 당신이 기본 한국어를 구사하기 위한 수고를 십 분의 일로 줄여 줄 것입니다.

성민 이미지 기억법 영어회화 학습방법

유튜브에서 '기억법 영어학습법'을 검색해 보시면 여러 유익한 학습법들이 소개되어 있습니다. 주로 단어 암기 방법들이 주종인데 가장 비효율적이고 실패 확률이 높은 '목숨 걸고 무작정 외우기'부터 '어원과 접두사를 활용하는 법', '연상기억 영어학습법'들이 소개되어 있는데 중요한 것은 효율입니다. 최소한의 노력으로 평생 기억할 수 있는 방법이 있다면 가장 이상적일 것입니다.

본 학습법은 그간 시도된 모든 "기억법 교재"중 감히 최고의 효율을 구현했다고 말씀드릴 수 있겠습니다. 구체적으로 들어가면 Chapter 1. 입국심사 편을 보면 10개의 그림과 문장이 있습니다. 이 10개의 문장 외에 입국심사에서 쓰이는 문장은 없습니다. 우선 10개의 그림을 만화책 보듯 3초씩만 보면 암기하려 애를 쓰지 않아도 사진이 찍히듯 이미지가 대뇌에 영구적으로 기억됩니다. 그림에는 의미하는 문장의 키워드가 이미 내포되어 있습니다.

"여권 제시-출발지-국적-왕복항공권-여행 목적-관광-호텔-체류-직업-방문 기록" 등. 영어회화는 중2 수준의 영어입니다. 이제 키워드와 기본단어로 문장을 떠올리는 것은 식은 죽 먹기가 되겠지요.

이 학습법은 어떤 기적적인 기억술의 테크닉을 가르치지는 않습니다.

이 교재의 특징은 학습자의 노력을 1/10로 줄이기 위해 본 저자가 학습자를 대신하여 무한한 시간과 노력을 투자하여 교재로 만들어놓았다는 것입니다.

중요한 것은 이미지 묘사와 구성이 절묘하고 임팩트하지 아니면 공부가 지루해지고 흥미를 잃게 된다는 것입니다. 마치 졸렬한 3류 연속극처럼 말입니다.

본 교재는 전체 600여 문장과 600여 개의 삽화로 구성되어 있으며 각 그림은 한번 보고 대뇌에 영구히 각인시키기 위해 이미 모두가 알고 있는 상황, 시사, 문학, 영화의 유명 인물과 스토리를 차용하였습니다. 10개의 문장은 스토리텔링으로 연결되어 있어 한번 보면 전체 10개의 문장을 쉽게 끌어낼 수 있게 하였습니다. 일주일에 한두 번 복습을 위해 리마인드 하는 것은 큰 에너지가 들지 않습니다. 그림을 떠올리는 것이기 때문이지요. 설사 공부를 게을리하여 1년 후에 다시 시작한다 하여도 복구하는데는 1달이 안 걸립니다. 대뇌에 사진이 선명히 찍혀있기 때문이죠.

또한 이 학습법의 효과는 그간 강의를 통해 객관적으로 증명된 바 있으며, 문장의 번역 외에 그림의 설명이 되어있어 혼자서도 충분히 공부할 수 있으나 입담 있는 교사가 설명을 해주면 시각, 청각, 상상력의 3박자가 더해져 훨씬 더 효과적인 학습효과를 볼 수 있습니다.

영어 발음에 대하여

앞에서 우리가 학교에서 영어를 10년 이상 배우고도 막상 해외에 나가서 '영어 벙어리'가 되는 이유는 '표현하려는 영어 문장'을 암기하지 못하고 있기 때문이라고 말씀드렸습니다.

그런데 문제는 이것 외에 또 하나의 큰 이유가 있습니다. 그것은 우리가 학교에서 영어 단어를 원어민 발음으로 배우지 않았기 때문입니다. 우리는 일본인의 영어 발음을 보고 웃음을 참기 어렵지만 미국인이 한국인의 영어를 못 알아듣기는 마찬가지입니다.

쉬운 예로 'Macdonald'를 한국인에게 물어보면 대부분 '맥도날드'라고 대답할 것입니다. 일본인은 '마그도나르도'라고 하겠지요. 하지만 정확한 영어 발음은 맥다`-날(드)입니다. 모든 외국어 학습자는 외국어가 두뇌에서 자기의 모국어식으로 들리도록 설정되어 있습니다.

영어 발음을 습득하는 것은 생각보다 그리 어렵지 않습니다. 왜냐하면 일부 예외적 단어 외엔 대부분 발음에 규칙이 있기 때문입니다.

예를 들면 sonata는 서나`-러(터), Socrates는 싸`크러티-즈, opera는 아`퍼러와 같이 강세가 있는 강모음 'a'나 'o'는 애 또는 아로 발음됩니다. 'I'는 앞에 올 땐 '아이'로 약모음이므로 중간에 올 땐 대개 '어'로 발음됩니다.

영어 알파벳은 500-600개의 소리를 표시할 수 있다고 합니다. 한데 우리의 한글은 8800개의 소리를 표시할 수 있다고 합니다. 영어 발음의 90%를 표현할 수 있는 것입니다.

중요한 요령은 단어를 외울 때 발음기호를 확인한 후 반드시 그 발음을 단어 옆에 한글로 표기해 놓는 것입니다. 발음 공부에 실패하는 이유는 난해한 발음기호를 옆에 적어 놓은들 90%가 암기되지 않고 잊혀 버리기 때문입니다. 현재까지 배운 수백, 수천 개의 영어 단어를 모두 한글로 다시 정리하시기 바랍니다. 그 이후 유튜브 등에 나와있는 발음과 강세 공부를 따라 하시면 됩니다.

1800년대 정약용 선생이 저술한 '아학편'이라는 영어 단어책에는 훈민정음으로 발음을 표시해 놓았습니다. 그래서 조선말의 학생들이 현대의 학생들보다 영어실력이 좋았다고 합니다. 현대에 와서는 서양 숭배의 탓으로 한글 발음 표기를 촌스럽게 생각하여 교사들이 발음기호를 적으라고 했습니다. 지금은 의식이 많이 발전하여 한글로 영어를 표시하는 학습법이 많이 나와있습니다.

참고로 '단어의 암기'는 시간이 걸리더라도 그 발음을 뜻과 연결해 연상기억법으로 만들어 외우면 평생 기억할 수 있습니다.

CONTENTS (목차)

1. IMMIGRATION (입국심사)

1. PASSPORT

2. COMING FROM

3. ARE YOU FROM

4. RETURN TICKET

5. PURPOSE

6. SIGHTSEEING

7. HOTEL

8. STAY

9. PROFESSION

10. VISIT

1. IMMIGRATION (입국심사)

1. May I see your passport?
2. Where are you coming from?
   (I'm coming from Seoul Korea.)

3. Where are you from?
   (I'm from Republic of Korea.)
4. Do you have return ticket?

5. What's the purpose of your visit?
   퍼르퍼스
6. For sightseeing(business).

7. Where are you going to stay?
8. How long will you stay in the United State?

9. What's your profession?
10. Have you visited the United States before?

1. 여권 좀 보여주세요.
2. 어디에서 오십니까?
3. 어느나라 사람입니까?.
4. 왕복항공권이 있습니까?
5. 여행 목적이 무엇입니까?(주의 : purpose 발음은 펄포우즈

가 아니고 퍼ㄹ퍼스라고 함)

6. 관광입니다.

7. 어디에 머무르실 겁니까?

8. 얼마나 오래 미국에 체류하실 겁니까?

9. 직업이 무엇입니까?(accupuncturist)

10. 전에 미국을 방문한 적이 있습니까?

그림설명 - illustration

1. 미국 입국심사관이 여권을 보는 모습
2. 서울을 의미(출발지-starting place)
3. 대한민국(과 태극기) 출신, 국적, 사람(nationality)
4. 수상한 사람(스파이, terrorist?)
5. 귀환 비행기 티켓(단기체류자가 이것이 없으면 추방대상)
6. 관광객 모습
7. 머무를 호텔
8. 머무를 날짜와 기간(캘린더)
9. 직업이 침술사(accupuncturist)
10. 과거 미국여행 시 자유의 여신상을 관광하는 모습

Key words

1. passport 2. coming from 3. are you from 4. return ticket
5. purpose 6. sightseeing 7. where stay 8. how long
9. profession 10. visit

*입국심사는 해외여행에서 가장 중요한 순간이며, 위의 10개 질문에서 벗어나는 일은 거의 없습니다. 미국 입국 시 주의점은 비즈니스 외엔 절대 일을 한다고 하면 안 됨. 젊은 여자 홀로 입국은 매춘의 의심을 받습니다.

2. CUSTOMS INSPECTION (세관검사)

1. DECLARE

2. MONEY

3. PLANTS OR FOOD

4.WHAT IS FOR

5.CAMERA

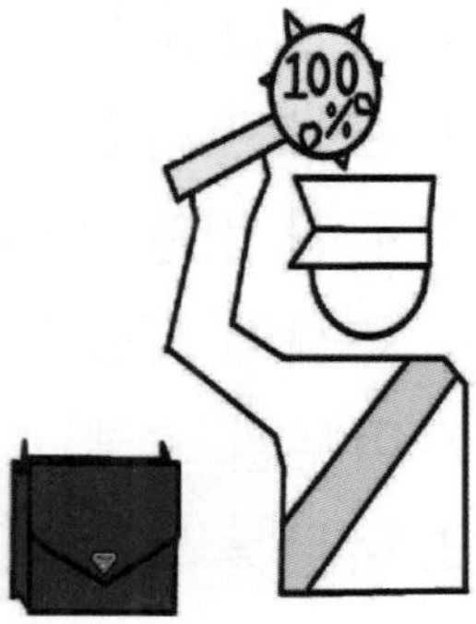

6. DUTY

7. NOT ALLOWED

8. ARREST

9. SPEAK KOREAN

10. YOU MAY GO

2. CUSTOMS INSPECTION (세관검사)

1. Do you have anything to declare?
디클레어
2. How much money do you have?

3. Do you have any plants or food?
플랜츠
4. What is this for?

5. This camera is for my personal use.
캐머러
6. You've got a pay a 100% duty.

7. You are not allowed to bring this into the country.
8. You are under arrest for drug possession.
언더(ㄹ)레스트 드럭 퍼제션

9. Can you call someone who speak Korean (interpreter)?
10. You may go now.

1. 신고할 물건이 있습니까?
2. 돈은 얼마를 가지고 있습니까?
3. 식물이나 식품을 가지고 있습니까?
4. 이것은 무엇에 쓰는 것입니까?(dangerous thing)
5. 이 카메라는 개인용품입니다.
6. 당신은 100% 관세를 내야 합니다.
7. 당신은 이것을 이 나라에 들여올 수 없습니다.
8. 당신은 마약소지죄로 체포되었습니다.
9. 누구 한국말하는 사람을 불러주시겠어요?
10. 당신은 가셔도 됩니다.

그림설명 - illustration

1. 세관원이 가방을 살펴본다.
2. 지갑에 든 달러가 얼마 있나 본다.
3. 식물과 식품(흑싸리는 곡물-plant, 고깃덩어리는 식품)
4. 가방에 달린 뾰족한 작살 같은 액세서리 용도는?
5. 여행자의 개인용품 카메라(택스면제)
6. 신고 없이 반입하다 걸린 명품백에 100% 관세철퇴
7. 반입금지 품목인 총포류
8. 마약소지혐의로 체포됨.
9. 한국말 통역사
10. 새장의 새를 놓아줌.(가셔도 됨) (release)

Key words

1. declare 2. money 3. plants or food 4. what is for 5. camera
6. duty 7. bring 8. arrest 9. speak Korean 10. may go

3. HOTEL (호텔에서)

1. VACCANCY

2. KIND OF ROOM

3. INTERNET CONNECTION

4. RESERVATION

5. THREE NIGHTS

6. RATE

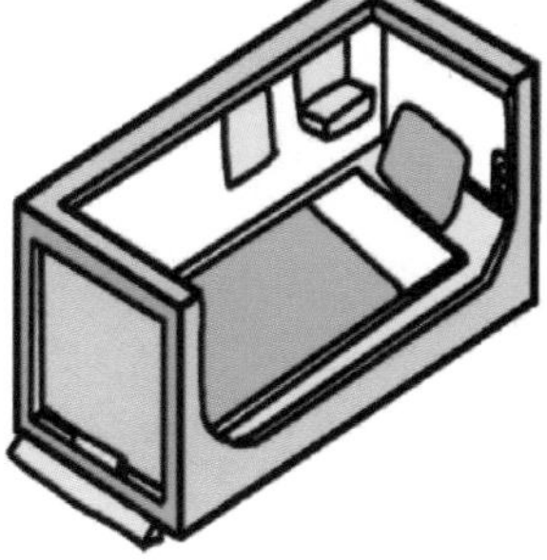

7. CHEAPER

8. BREAKFAST

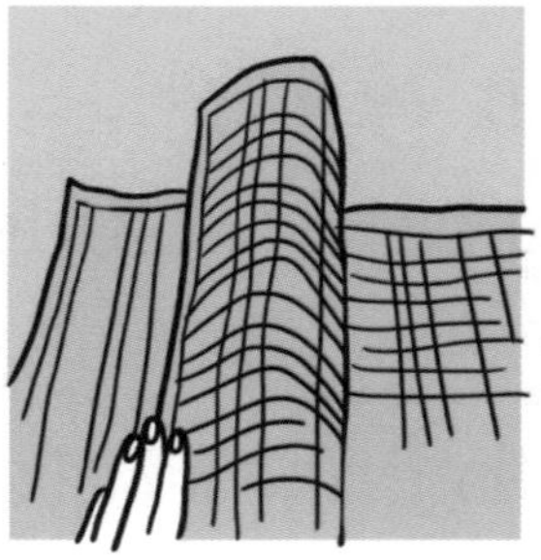

9. BOOKED UP

10. CHECK IN

3. HOTEL (호텔에서)

1. Do you have a vacancy?
베이컨시
2. What kind of room would you like?

3. I'd like a double room with a internet onnection.
4. I made a reservation under Young Ja Kim.
레져베이션
(Have you made a reservation?)

5. I'll stay for 3nights from tonight.
6. What's the rate for the room per night?

7. Do you have anything cheaper?
8. I'm sorry, we are (all) booked up (out).
북트업
9. Does this rate include breakfast?
브렉퍼스트
10. I'd like to check in(out), please.

1. 빈방 있습니까?
2. 어떤 종류의 룸을 원하시는지요?

3. 인터넷이 되는 2인실을 원합니다.

4. 김영자 이름으로 예약했습니다.(예약을 하셨나요?)

5. 오늘밤부터 3박을 할 것입니다.

6. 방값이 하룻밤에 얼마지요?

7. 더 싼 방이 있습니까?

8. 죄송합니다만 모두 예약이 되었습니다.

9. 요금에 조식 포함인가요?

10. 체크인하겠습니다.

그림설명 - illustration

1. vacancy(빈방 있음) 간판이 있는 호텔
2. single room(1인용)과 double room(2인용)이 있음.(작은 모텔과 달리 대형 모텔과 호텔엔 대개 더블룸엔 2개의 침대가 있음.)
3. 컴퓨터(인터넷)가 달린 더블룸
4. 호텔 카운터에서 "예약 했습니다."라고 말함.
5. 3손가락 - 3박을 의미함.
6. 가격표
7. 값싼 캡슐호텔
8. 옛날에는 예약을 예약장부에 손으로 적었음.(old book)
9. 호텔조식
10. 체크인후 카드로 된 키를 받아서 문을 열고 룸에 들어가는 모습. (card key)

Key Words

1. vacancy 2. kind of room 3. double room 4. reservation
5. 3 nights 6. rate 7. capsule hotel 8. booked up 9. breakfast
10. check in

4. GREETING (인사하는 법)

1. HOW ARE YOU

2. FINE

3. LONG TIME

4. KEEP IN TOUCH

5. HOW DO YOU DO

6. NICE TO MEET YOU

7. GOOD MORNING

8. HOW ARE YOU DOING

9. I'M OK

10. I'M SO SO

11. GOOD BYE

12. HAVE A NICE DAY

4. GREETINGS (인사)

1. Trumph : Hi, Jung Eun, How are you?
2. Kim Jung Eun : I am fine. How'bout you?

3. Trump : Long time no see.
4. Kim Jung Eun : Let's keep in touch,

5. Melania : How do you do Mr.Kim?
6. Kim Jung Eun : Nice to meet you, Mrs. Donald.

7. Lee Sul Joo : Good morning, ma'am.
8. Melania : How are you doing?

9. Lee Sul Joo : I'm ok. How'bout you?
10. Melania : I'm so so.(A paparozzi took my picture in the New york City.)

11. Lee Sul Joo : Good bye.(So long, I hope to see you again.)
12. Melania : Have a nice day.

1. T : 정은, 안녕하세요?

2. K : 난 좋아요. 당신은?

3. T : 오랜만이요

4. K : 우리 (서신) 연락하고 지냅시다.

5. M : 안녕하세요? Mr.Kim.

6. K : 만나서 반가워요. 도날드 부인.

7. L : 좋은 아침입니다. 부인,

8. M : 어떻게 지내세요?

9. L : 저는 잘 지내요. 당신은?

10. M : 그저 그래요.(파파로찌-페퍼로치가 내 사진을 찍었어요.)

11. L : 안녕히 가세요. 또 만나기 바라요.

12. M : 좋은 하루 보내세요.(잘 가세요의 뜻도 됨.)

그림설명 - illustrations

1 & 2 : 회담장에서 트럼프와 김정은이 인사를 주고받음.

3. 2019년 1월, 김정은이 평양서 기차로 하노이까지 3박 4일 걸려서 왔음.(긴 기차 철로- 먼 길과 오랜 시일을 의미)

4. 서로 (편지) 연락하고 지내자는 의미.

7. 이설주가 멜라니아에게 인사함.(모닝커피잔을 들고)

8. 멜라니아 여사는 "자기는 모델일을 하며 지내는데 당신은 어떻게 지내세요?" 하고 이설주에게 물음.

9. 노래방에서 노래나 부르면서 재미있게 지낸다고 함.

10. 전 그저 그래요 : 뉴욕시에서 차를 타는데 등에 "I REALLY DON'T CARE, DO U?" (난 신경 안 써 당신은?)라고 쓴 히피룩 파카를 입고 차를 타는데 paparozzi가 사진을 찍어 잡지에 싣는 바람에 쪽팔렸음.

11. 남북 이산가족이 70년 만에 상봉 후 눈물의 이별을 하는 장면

12. 잘 가세요.(have a nice day, good bye 보다 많이 씀)

Key Words

1. how are you 2. fine 3. long time 4. keep in ouch

5. how do you do 6. nice to meet you 7. good morning

8. how are you doing 9. I'm ok 10. I'm so so

11. good bye 12. have a nice day

4.2. FIRST GREETING (초면인사)

1. FAMILIAR

2. DIDN'S GET YOU

3. RESEMBLE

4. GUESS HOW OLD

5. GOVERMENT OFFICIAL

6. LOOK FORWARD TO MEET

7. MEET HER

8. INTRODUCE

9. FIRST NAME IS SUE

10. MY FRIEND 007 JAMES

4-2. FIRST GREETINGS (초면인사)

1. You look familiar.
2. I'm sorry, but I didn't get your name.

3. He resembles Gregory Peck.
   (You look much more like your father.)
4. Guess How old I am.

5. My father works for the government.
6. I've been looking forward to meeting you.

7. Madonna, meet my freind Nicole Kidman .
8. Let me introduce my ex-husband Tom Cruise.

9. Please call me Sue. it's my first name.
10. Mr. Obama, this is my freind James.

1. 낯이 익은데요?(신창원-genius jailbreaker in Korea)
2. 미안합니다만, 이름을 잘 못 들었어요.
3. 그는 그레고리 펙을 닮았어요.(당신은 부친을 아주 많이 닮았네요.- Korean actor, Nam Gung Won)
4. 제가 몇 살 쯤인지 맞춰보세요.(66 years old Madonna)

5. 저의 아버지는 공무원이에요.
6. 전부터 한번 뵙고 싶었어요.(Dalai Lama)
7. 머다너, 제 친구 니콜 키드먼인데 인사하세요.
   (Nicole Kidman)
8. 제 전남편 탐 크루즈를 소개합니다.
9. '수'라고 불러주세요. 그게 제 first name이에요.
10. 오바마 씨, 이쪽은 제 친구 제임스예요.

그림설명 - illustration

1. 탈옥의 천재 신창원. 이제는 어디선가 본 듯한 얼굴
2. 이름을 잘 못 들었다고 귀에 손을 대고 있음.
3. 남궁원은 동양의 그레고리 펙(모비딕, 로마의 휴일 - 오드리 헵번과 출연.)이다. 거의 복사 수준
4. 마돈나(머다너)가 66세라면 믿겠는가?(2022년 현재)
5. 미국국기 앞에선 공무원
6. 불교신자가 달라이 라마에게 뵙고 싶었다고 하는 인사말
7. 머다너, 내 친구 니콜 키드먼(킫먼)이에요. 인사하세요.
8. 제 전남편 타머스(톰 크루즈)를 소개합니다.
9. 국민 여동생 수지의 모습. Susie(Sue)는 Susan의 애칭
   그러나 한국명 김수지의 영어명은 Sue Sie Kim이다.
10. 오바마 씨 여기는 제 친구 007 제임스 본드(Rodger Moor)입니다.

Key Words

1. familar 2. didn't get it 3. resemble 4. guess how old
5. government official 6. look forward to 7. meet 8. introduce
9. call me 10. james bond

5. SIGHTSEEING (관광)

1. BEST THING

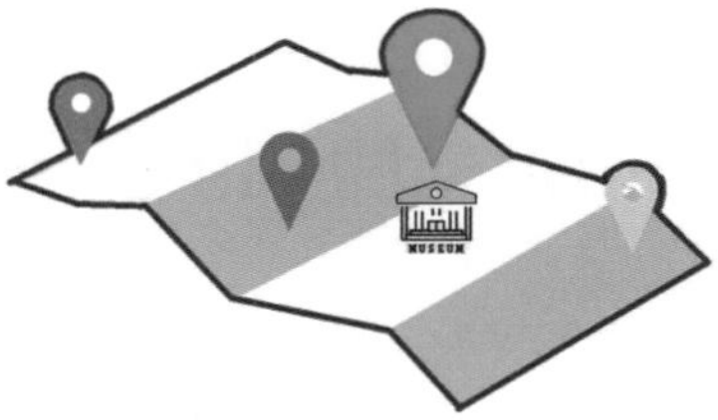

2. GUIDE MAP

3.SCENERY

4. VIEW

5.MUSEUM

6. TOUR COST

7. FREE TIME

8. COME BACK

9. TAKE A PICTURE

10.GIFT SHOP

5. SIGHTSEEING (관광)

1. What is the best thing to see (in this city)?
2. Can I get a guide map of this city?

3. I am interested in scenery.
4. What a nice view.

5. Are there any museums or galleries?
   뮤지엄스 갤러리즈
6. How much is the tour cost?

7. You can have free time.
8. What time should we come back?

9. Can you take a picture of me(us)?
10. Where is the gift(souvenir) shop around here?
    기프트 (수버니어) 샵

1. 이 도시에서 뭐가 가장 볼만합니까?
2. 이 도시의 안내지도를 구할 수 있을까요?
3. 저는 자연경관에 관심 있습니다.
4. 경치(view)가 좋다.

5. 이곳에 박물관이나 미술관이 있나요?
6. 투어비용이 얼마입니까?
7. 자유시간을 가지세요.
8. 몇 시까지 돌아올까요?
9. 사진 좀 찍어주시겠어요?
10. 기념품점이 근처에 어디에 있나요?

그림설명 - illustration

1. 뉴욕의 자유의 여신상(statue of liberty)
2. 관광 안내지도
3. 자연경관
4. 관광 후 밤에 호텔에서 내다본 화려한 야경
5. 뮤지엄 표시
6. 투어버스 옆에 투어가격이 쓰여있음.
7. 단체관광 중에 자유시간을 가짐.
8. 김건모가 20년 만에 무대에 컴백함.(Korean legendary singer Kim gun Mo makes a comeback on stage after 20 years)
9. 아가씨가 사진을 찍어주는 모습
10. 기념품점(souvenir shop - 발음이 좀 어려우나 관광지에선 정확한 명칭이 수버니어 샵이라 하고, gift shop은 일반적인 선물가게를 의미함.)

Key Words

1. best thing 2. guide map 3. scenery 4. view 5. museum
6. tour cost 7. free time 8. come back 9. take a picture
10. gift(souvenir) shop

6. SHOPPING (쇼핑)

1. WOMAN'S WEAR CORNER

2. JUST LOOKING

3. MAY I SEE

4. TRY

5..FITTING ROOM

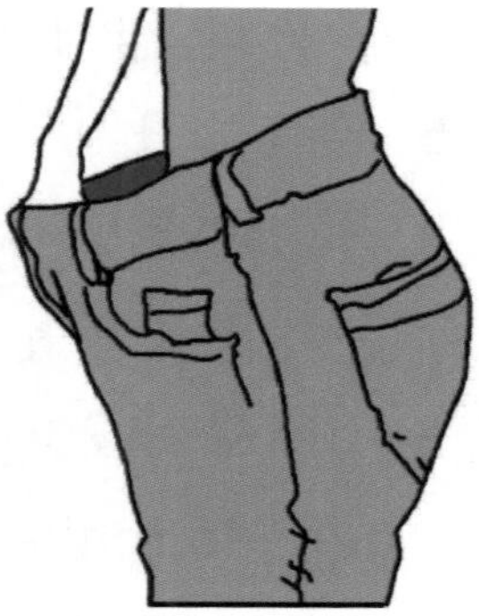

6. TOO BIG

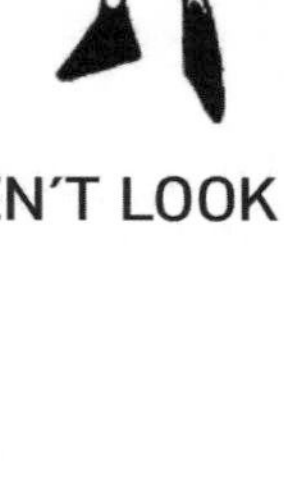

7. DOSEN'T LOOK GOOD

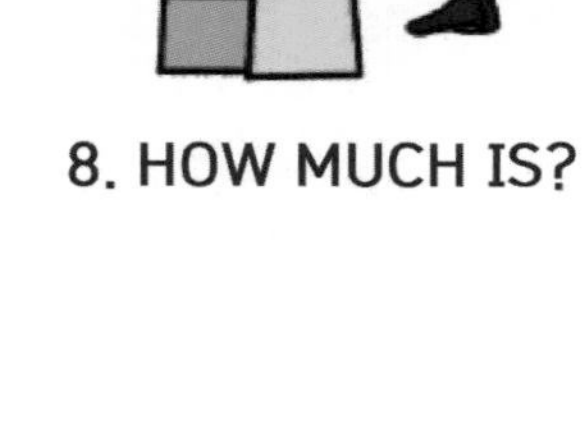

8. HOW MUCH IS?

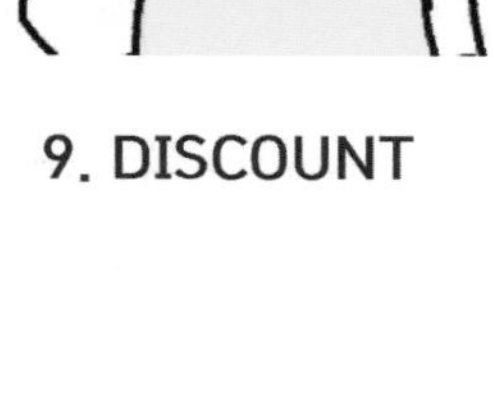

9. DISCOUNT

10. TAKE IT

6. SHOPPING (쇼핑)

1. where is the women's wear corner?
2. I'm just looking(browsing).
   브라우징

3. May I see that dress?
4. Can I try this on?

5. Where is the fitting room?
6. This is too big for me.

7. It doesn't look good on me.
8. How much is this?

9. Can you discount some?
10. Ok. I'll take it.

1. 여자옷 코너가 어디입니까?
2. 그냥 구경하는 겁니다.
3. 저 드레스 좀 볼까요?
4. 이것 좀 입어볼까요?
5. 탈의실이 어디인가요?

6. 이것은 나에게 너무 크네요.

7. 이것은 나에게 어울리지 않네요.

8. 이것은 얼마입니까?

9. 좀 깎아주실래요?

10. 좋아요. 이것으로 하겠어요.(가져갈게요)

그림설명 - illustration

1. 백화점(department store)의 여자옷 코너의 걸린 옷들
2. 그냥 구경만 하는 것이에요.(아이쇼핑은 콩글리쉬)
3. 저 드레스 좀 볼까요?
4. 이것 좀 입어볼까요?
5. 탈의실이 어디인가요?
6. 이건 너무 크네요.
7. 뚱뚱해서 어울리지 않음.
8. 카운터에서 계산함.
9. 깎아달라고 애교 부림.
10. (룰루랄라 하며) 가져감.(lulu lala)

Key Words

1. women's department 2. looking 3. may I see 4. try
5. fitting room 6. big 7. good on me 8. how much is
9. discount 10. take it

7. RESTAURANT (식당)

1. HUNGRY

2. TAKEN

3. ORDER
4. NOT READY

5. DRINK

6. RECOMMEND

7. ORDER

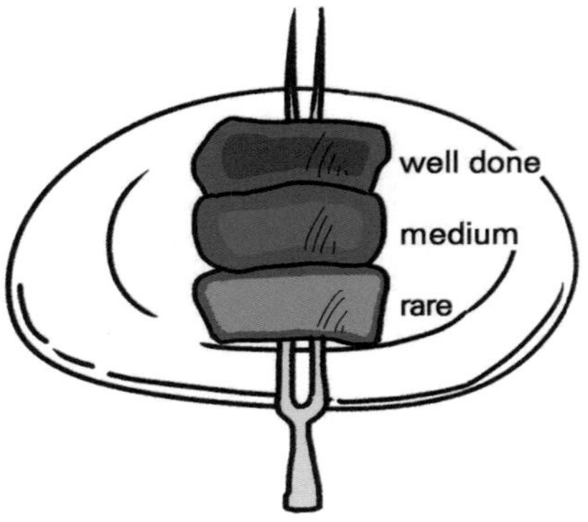

8. STEAK

9. SALTY

10. GREAT

7. RESTAURANT (식당에서)

1. I'm hungry now.
   헝그리
2. Is this seat taken?

3. Would you like order now?
4. I'm not ready yet.

5. Anything to drink ?
6. What do you recommend?

7. May I order now?
8. How would you like your steak?

9. It's too salty.
10. It's great.

1. 지금 배가 고파요.
2. 이 자리가 비었나요?
3. 주문하시겠어요?
4. 아직 결정을 못했어요.(shy girl)
5. 마실 것은 뭘로 하시겠어요?(와인, 물, 탄산음료..)

6. 어느 것을 추천해 주실래요?(벽에 있는 추천음식을 가리킴)
7. 이제 주문할까요?
8. 스테이크는 어떻게 해주길 원하세요?(밑에서부터 rare, medium, well done) (좀 더 까롭게 medium rare, medium well done을 요구할 수도 있음.)
9. 너무 짜네요.
10. 맛이 훌륭하네요.

그림설명 - illustration

1. 굶어서 갈비뼈가 앙상한 강아지
2. 비어있는 의자를 지팡이로 끌어당김.
3. 주문하시겠어요?(웨이터가 묻는다.)
4. 난 아직 결정할 준비가 안 되었어요.(수줍은 아가씨)
5. 와인을 잔에 따름.
6. 벽에 붙은 음식을 가리킴.(추천 메뉴)
7. 여기요, 손가락을 들어 웨이터를 부름.(대개는 웨이터가 올 때까지 기다림)
8. 스테이크를 웰던, 미디엄, 레어 등 3가지 (또는 5단계) 중에서 주문함.
9. 소금 병에서 소금이 쏟아져 내림.
10. 엄지 척(맛이 최고라고 칭찬함). very good 보다 강한 표현

Key Words

1. hungry 2. seat taken 3. order 4. not ready 5. drink
6. recommend 7. order 8. steak 9. salty 10. great

7-2. RESTAURANT (식당에서 2)

1. STARVING

2. FAVORITE FOOD

3.SEA FOOD

4. PICKY

5.ALLERGIC

6. WHAT'S GOOD

7. ROAST

8. HASN'T COME

9. GRILLED

10. MY TREAT

7-2. RESTAURANT (식당에서 2)

1. I'm starving.
2. What's your favorite dish?

3. Let's try seafood for a change.
4. I'm not picky eater.

5. I can't eat spinach. I'm allergic to it.
6. What's good here?

7. I'll have a roast duck.
8. My order hasn't come yet.

9. How's your grilled chicken?
10. Ok. well, we should go. This is my treat.

1. 난 배가 고파 죽겠어요.
2. 무슨 음식(요리)을 좋아하세요?
3. 변화를 위해 해산물을 먹읍시다.
4. 난 까다롭지 않아요.
5. 난 시금치를 못 먹어요. 그것에 앨러지가 있어요.
6. 이 집에 잘하는 것이 뭐가 있지요?

7. 난 오리구이를 먹을래요.
8. 주문한 것이 아직 안 나왔어요.
9. 직화구이 닭이 어때요?
10. 자 이제 갈까요? 이것은 내가 낼게요.

그림설명 - ILLUSTRATION

1. 아귀(굶어 죽은 귀신 - starving ghost), 기아에 허덕임.
2. 짜장면
3. 해산물 요리(생선)
4. 식성이 까다로운 아가씨
5. 뽀빠이의 애인 올리브는 시금치 앨러지가 있음.
6. 간장게장 전문집
7. 페킹 덕(PEKING DUCK) 또는 베이징덕(같은 북경덕)
8. 주문한 것이 늦게 나와 시계를 보며 목이 빠지게 기다린다.
9. 석쇠구이 닭
10. 이번엔 내가 식사대를 낼게요.

Key Words

1. starving 2. favorite 3. sea food 4. picky 5. allergic
6. what's good 7. roast 8. hasn't come 9. grilled 10. my treat

8. MASSAGE SHOP (마사지 샵)

1. COUPLE ROOM

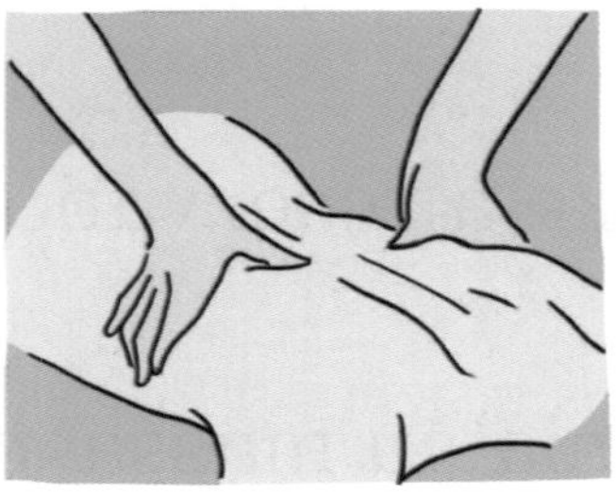

2. SHIATSU MASSAGE

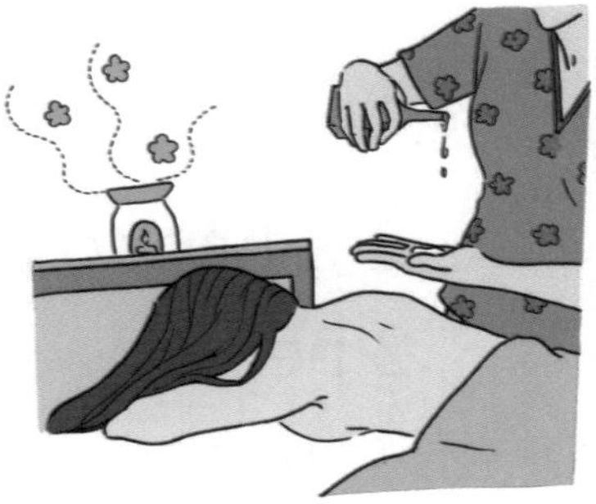

3. AROMA MASSAGE

4. LIE FACE DOWN

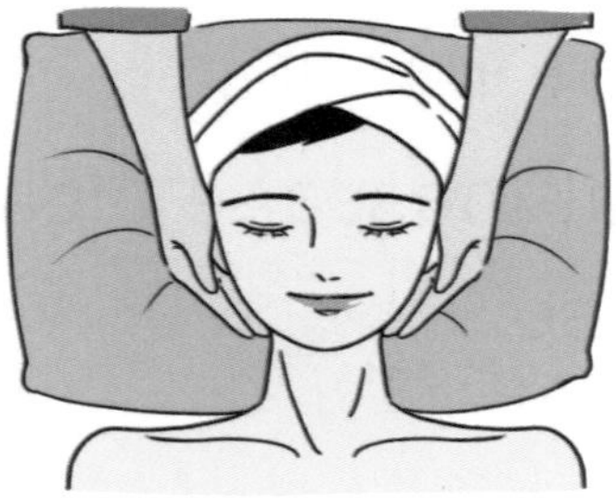

5. FACIAL MASSAGE

6. TURN OVER

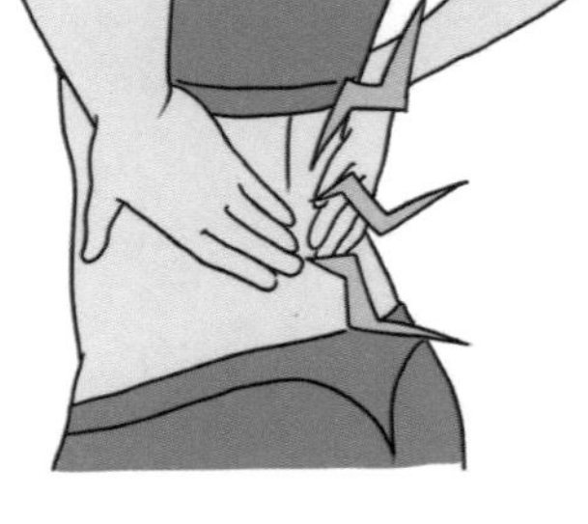

7. LOWER BACK PAIN

8. STRONG

9. STIFF

10. FEEL SO GOOD

8. MASSAGE SHOP (마사지 샵)

1. I'd like to make a reservation 1 couple room for 2 person.
2. Can you do shiatsu massage also?

3. How much is for aroma massage per hour?
4. Lie face down (up) please.

5. Give me a facial massage please.
6. Turn over please.

7. I have a lower back pain.
8. Is this too strong for me. (weak for me)

9. Your shoulders are really stiff.
10. Oh, It feels so good.

1. 커플룸으로(두 사람) 예약하고 싶습니다.
2. 지압도 할 수 있습니까?
3. 아로마 마사지는 1시간에 얼마예요?
4. 엎드리세요.(얼굴을 아래로 누우세요).
5. 얼굴마사지를 해주세요.

6. 뒤집으세요.(돌아 누우세요)

7. 허리통증(요통)이 있습니다.

8. 너무 센가요?

9. 어깨가 매우 굳었네요.

10. 오우 기분이 너무 좋아요.

그림설명 - illustration

1. 마사지 (커플) 룸에 2개의 테이블이 보임.
2. shiatsu(시아츠-손가락 끝으로 누르는 지압의 일본어)을 하는 그림이 보임.
3. 아로마 기름을 바르고 하는 마사지 그림.
4. 엎드리세요.(얼굴을 밑으로 하고), (face up - 위를 보고 누우세요)
5. 얼굴 마사지- 위를 보고 누웠음
6. 계란 후라이를 뒤집는 그림 - turn over
7. 허리의 통증을 의미하는 그림.
8. 여자 레슬러인 듯 힘이 매우 세 보이네요.
9. 어깨가 굳어서 통증이 있음.
10. 너무 행복해하는 그림.

Key Words

1. couple room 2. shiatsu massage 3. aroma massage
4. face down 5. facial massage 6. turn over 7. lower back pain
8. strong 9. stiff 10. feel so good

9-1. ASK THE WAY (길묻기 1)

1. LOST

2. WHERE AM I

3. ZOO

4. LOTTE BAKERY

5. HYATTE HOTEL

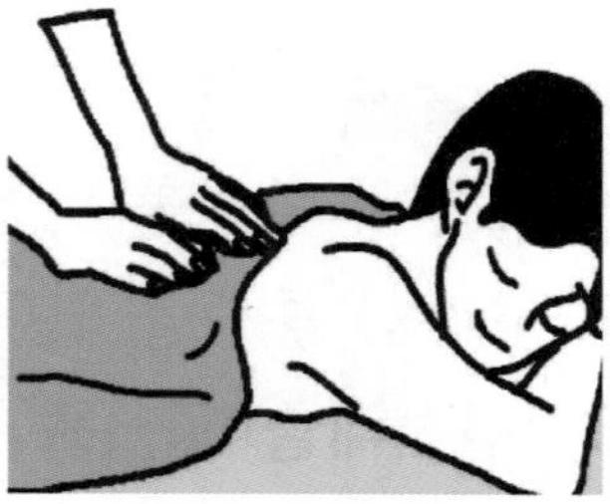

6. MASSAGE SHOP

7. GO STRAIGHT

8. TURN LEFT

9. CROSS THE STREET

10. IT'S NEXT DOOR

9-1. ASK THE WAY (길 묻기 1.)

1. I think I'm lost.
2. Where am I now?

3. Can you give me the direction to the zoo?
디렉션
4. Do you know where is the Lotte bakery near here?

5. Could you tell me how to get to Hyatte Hotel?
6. Where can I find a massage shop around here?

7. Just go straight along this street.
8. Turn left at the next traffic light.
낵스 트래픽 라이트

9. It's cross the street from the Seoul railroad station.
10. It's next door to the police station.
넥슽 도어 폴리스(스)테이션

1. 길을 잃은 것 같아요.
2. 여기가 어디죠?(제가 지금 있는 곳이 어디입니까?)
3. 동물원 가는 방향이 어디죠?(동물원 가는 길 좀 가르쳐 주시겠어요?)
4. 롯데제과가 이 근처 어디인지 아시나요?
5. 하이야트 호텔을 어떻게 가는지 설명해 주시겠어요?
6. 마사지샵을 이 근처 어디에서 찾을 수 있나요?
7. 이 길을 따라서 곧장 가세요.
8. 다음번 신호등에서 좌회전하세요.
9. 서울역 길 건너편에 있어요.
10. 경찰서 옆입니다.

그림설명 - illustrations
1. 길 잃은 애가 울고 있다.
2. 핸드폰을 들고 자기가 있는 위치를 찾고 있다.(지도에서)
3. 도로표지판. 동물원 가는 길
4. 롯데제과
5. 하이야트 호텔
6. 마사지 샵
7. 도로 바닥에 곧장 가라는 화살표
8. 신호등 가운데에 좌회전 표시
9. 서울역 건너편
10. 경찰서 옆의 가게.

key words
1. lost 2. where am I 3. direction to zoo 4. lotte bakery
5. Hyatte hotel 6. massage shop 7. straight 8. turn left
9. cross the street 10. next door to police

9-2. ASK FOR DIRECTIONS (길찾기 2)

1. POLICE STATION

2. BUS STOP

3. SHORT CUT

4. WAY AROUND HERE

5. SUBWAY OR TAXI

6. GET THERE BY BUS

7. HOW LONG TAKE BY BUS

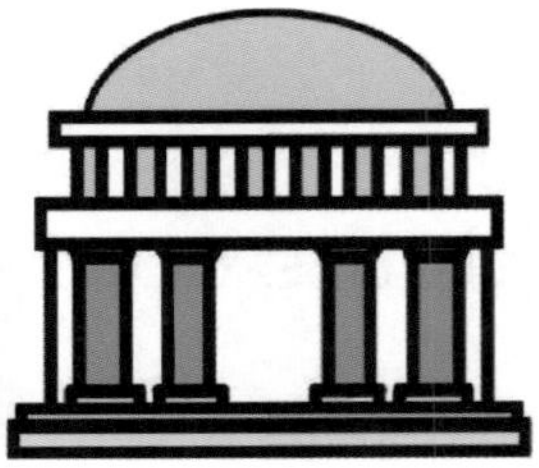

8. WHITE HOUSE

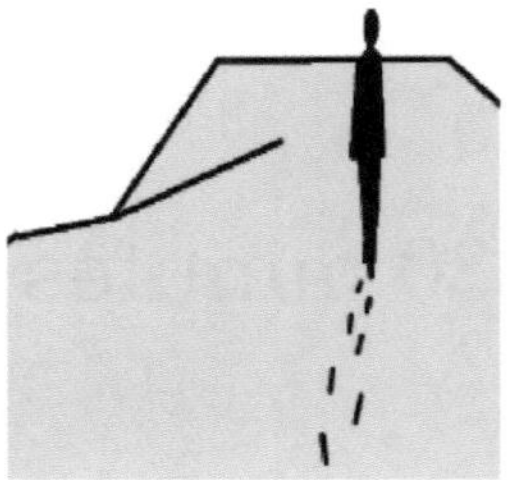

9. WALK

10. WITH DONKEY

9-2. ASK FOR DIRECTIONS (길묻기 2)

1. Which way is the police station?
2. Is there a bus stop near here?
   버(스)스탑 니어ㄹ히어

3. Is that a short cut?
4. I don't know the way around here.

5. How can I go there, by subway or taxi?
6. Can I get there by bus?

7. How long does it take to get there by bus?
8. I'm lookng for the White house.
   Do you know where it is?

9. Can I walk there?
   웤
10. It'll take 30 minutes with the donkey.

1. 경찰서가 어느 쪽에 있습니까?(으로 가죠?)
2. 이 근처에 버스정거장이 있나요?
3. 이 길이 지름길인가요?

4. 전 이 근처 길을 몰라요.
5. 거기를 어떻게 갈 수 있나요? 지하철, 택시?
6. 거기를 버스로 갈 수 있나요?
7. 버스로 얼마나 걸리죠?
8. 전 백악관을 찾고 있어요. 어디 있는지 아시나요?
9. 거기를 걸어서 갈 수 있나요?
10. 당나귀로 30분 걸립니다.

그림설명 - illustrations

1. 경찰서가 어느 쪽이냐고 묻고 있다.
2. 버스 정거장에서
3. 지름길
4. 표지판을 보고도 길을 잘 모름
5. 지하철과 택시가 보인다.
6. 비탈길 산을 버스가 올라가고 있다.(저 꼭대기를 버스로 갈 수 있나요?)
7. 버스 지붕 위에 시계가 있다.(출발과 도착시간. 고로 30분 걸림)
8. 백악관
9. 끝없는 사막을 걷고 있다.(desert)
10. 당나귀를 타고 출근하고 있다.

Key Words

1. which way 2. is there 3. short cut 4. way around here
5. how can i go 6. get there by 7. how long take 8. white house
9. can i walk 10. with the donkey

10. TAXI (택시에서)

1.TAXI STAND

2.WHERE GOING

3.EIFFEL TOWER

4.TURN ON METER

5.HOW MUCH FARE

6.GET OFF

7.TAKE CREDIT CARD

8.NO CREDIT CARD

9.NO CASH

10.YOU MAY GO

10. TAXI (택시에서)

1. Where is the taxi stand?
2. Where are you going?(where to?)

3. Let's go to the Eiffle Tower.
   아이플 타워
4. Can you turn on the meter?

5. How much is the fare to the airport?
6. Stop here. Let me get off here.

7. Do you take credit card?
8. We don't accept credit card.

9. I don't have any cash with me now.
10. That's ok. You may go.

1. 택시 승차장이 어디에 있습니까?
2. 어디로 갈까요?(어디에?)
3. 에펠탑으로 갑시다.(에이플 타워)
4. 미터를 켜 주시겠어요?(old Korean Taxi meter)
5. 공항까지 요금이 얼마입니까?

6. 세워 주시오. 여기서 내리겠습니다.
7. 신용카드를 받습니까?
8. 우리는 신용카드를 받지 않습니다.
9. 지금 현금이 없습니다.
10. 됐습니다. 그냥 가셔도 좋습니다.

그림설명 - illustration

1. 택시 승강장이 보입니다.
2. 운전수가 행선지를 묻습니다.
3. 에펠탑이 보입니다.
4. 70년대식 미터기. '승차요금' 표시는 켜지 않은 상태.
   미터를 켜달라고 말한다.(바가지 예방)
5. 택시 옆면에 공항 $20부터라고 써 있음.
6. 세워주시오. 여기에서 내리겠습니다.
7. 신용카드를 내보인다.
8. no credit card sign
9. 지갑을 털어 보이며 현금이 없다는 것을 보여준다.
10. 됐습니다. (화가 나지만) 그냥 가세요. 고맙습니다.
    (passenger bow in thanks-감사의 절을 한다.)

Key Words

1. taxi stand 2. where going 3. Eiffle tower 4. turn on
5. how much (fare) 6. get off (on) 7. take c/card
8. don't accept 9. any cash 10. may go

11. ON THE PHONE (전화할 때)

1. HELLO

2. SPEAKING

3. WHO'S CALLING?

4. HOLD ON

5. WHAT ARE YOU CALLING ABOUT?

6. WHAT NUMBER?

7. WRONG NUMBER

8. LEAVE MESSAGE

9. TELL HIM TO CALL ME

10. HANG UP ONCE

11. ON THE PHONE (전화할 때)

1. Hello, Mr. Brown Please?
2. This is he speaking.

3. Who's calling please?
4. Hold on the line, please.

5. What are you calling about?
6. What number did you call?

7. You've got a wrong number.
8. Would you like leave message?

9. Please tell him to call me.
10. Hang up once, please.

1. 여보세요? 브라운 씨?
2. 접니다. 말씀하세요.
3. (전화하시는 분은) 누구세요?
4. 기다리세요.
5. 무슨 일로 전화하셨나요?
6. 몇 번으로 거셨나요?

7. 잘못 걸으셨네요.

8. 메시지 남기시겠어요?

9. 저한테 전화해 달라고 그에게 말해 주세요.

10. 일단 끊으세요.(그리고 기다려 보세요.)

그림설명 - illustrations

1. 여자가 전화하여 Mr. Brown을 찾는다.
2. (예, 제가 말하고 있습니다.)
3. 누구세요?
4. (끊지 말고) "기다리세요." 하고 다른 사람(아마 담당자인 듯)을 부르자 그가 뛰어온다.
5. 무엇에 관해 (왜) 전화했나요?(돈 빌려달라는 전화인가?)
6. 전화 다이얼판, 전화번호를 잘못 누른듯함.
7. (잘못 걸려온 전화인 듯) 짜증스럽게 내려놓는다.
8. 메모용지에 메시지를 적는 펜
9. 입술자국-(pink 빛 사연의 미), 'call me'라고 전해 주세요.
10. 화장실에서 볼일 보는데 전화 온 듯.

Key words

1. Hello 2. speaking 3. calling 4. hold on 5. calling about
6. number 7. wrong number 8. message 9. call me 10. hang up

12. THANKS & APOLOGIZE
(감사와 사과)

1. HELP

2. GRATEFUL

3. WONDERFUL

4. KIND

5. HAVE A NICE DAY

6. APPRECIATE

7. FORGIVE

8. APOLOGIZE

9. MISTAKE

10. NO PROBLEM

12. THANKS AND APOLOGIZE (감사와 사과)

1. Thank for your help.
2. I'm very grateful.

3. Oh, that's wonderful.
4. You are so kind.

5. Have a nice day.
6. I appreciate your help.

7. Please forgive them.
8. Apologize. I didn't mean it.

9. Sorry, I made a big mistake.
10. No problem. Don't worry about.

1. 도와주셔서 감사합니다.
2. 정말로 고맙습니다.
3. 오우, 놀랍군요.(멋있어요)
4. 당신은 정말 친절하십니다.
5. 좋은 날 되세요.(안녕히 가세요.)
6. 당신의 도움에 진정한 감사를 드립니다.

7. 제발 그들을 용서해 주십시오.

8. 사과드립니다. 그런 뜻이 아니었어요.

9. 죄송합니다. 저는 큰 실수를 저질렀네요.

10. 별일 아니요. 걱정 마세요.

그림설명 - illustration

1. 급경사의 수레를 밀어주는 장면
2. 배우 그레이스 켈리의 grace(우아한, 은총)와 grateful(감사함)은 같은 어원에서 나왔음.
3. 원더우먼(할머니가 끄는 급경사의 수레를 밀어주는 것이 놀랍고 훌륭하다.) - wonderful
4. 노인에게 친절하게 자리를 양보하다.
5. 안녕히 가세요.(할머니와 헤어지면서 하는 말.)
6. 1948 소련의 독일 베를린 봉쇄 당시 미국이 베를린에 식량을 비행기로 공수할 때 미국 조종사가 선의로 캔디를 뿌려주자 굶주린 어린이들이 환호함. appreciate(깊이 감사함)
7. 십자가에 매달린 예수가 '신이여 저들을 용서하옵소서'라고 말함.
8. 가롯 유다가 예수를 밀고한 것을 마리아에게 사과함.(유다는 메시아가 그의 능력으로 죽지 않고 살아서 모든 백성을 구해주시리라 믿고 시험했음)
9. 아사다 마오가 올림픽 경기 중 넘어짐.(일본 국민에게 사과함)
10. 성모 마리아가 아사다의 실수를 위로해 줌

Key words

1. help 2. Grateful 3. wonderful 4. kind 5. have a nice day
6. appreciate 7. forgive 8. apologize 9. big mistake
10. no problem

13. REQUEST & HELP (부탁과 도움)

1. HELP ME

2. GIVE ME A HAND

3. DO ME A FAVOR

4. MAY I SIT

5. WHAT CAN I DO

6. TURN OFF

7. BORROW

8. REPEAT

9. MAY NOT

10. ARE YOU OK

13. REQUEST AND HELP (부탁과 도움)

1. Can you help me?
2. Give me a hand (with this) please.

3. (Can you please) do me a favor?
4. May I sit here?

5. What can I do for you?
6. Do you mind if I turn off the air conditioner?

7. Can I borrow(use) your car?
8. Would you repeat that please?

9. No, you may not.
10. Are you okay (with you)?

1. 좀 도와주시겠어요?
2. (이것 좀) 손 좀 빌릴까요?(좀 도와주시겠어요?)
3. 부탁 하나 할까요?(호의를 부탁합니다.)
4. 여기에 좀 앉아도 될까요?
5. 뭘 (도와) 해드릴까요?
6. 에어컨 좀 꺼도 될까요?(괜찮으시겠어요?)

7. 당신 차 좀 빌려주시겠어요?(toy)
8. 뭐라고 하셨나요?(뭐라고요? 다시 말씀해 주시겠어요?)
9. 안 돼요. 그건 곤란해요.
10. 괜찮으세요?

그림설명 - illustration

1. 무인도에 표류한 남자가 구조 요청을 하고 있다.
2. 자동차를 밀어달라고 부탁한다.
3. 예쁜 여자가 윙크하며 한 번만 도와달라고 부탁한다.
4. 서있는 남자가 여자 옆에 좀 앉아도 되냐고 물어본다.
5. 경찰서 민원 데스크에 강아지 한 마리가 앉아 있다.(뭘 도와줄까요? 하는 듯이)
6. 여직원이 에어콘 밑에서 떨고 있다.
7. (태엽으로 가는 장난감) 차를 빌려달라고 한다. (toy)
8. 귀가 잘 안 들리는 아줌마(할매)가 귀에 손을 대고 있다.(뭐 차를 빌려줘?)
9. 옆에 있던 딸이 ('남의 차를 빌려달라고?'-She thought real car 진짜 차로 오해하고) 안 된다고 함.
10. 옆집 아줌마가 매우 실망하여 주저앉아 할 말을 잊고 있다.(우리 아들을 위해 그깟 장난감 차 좀 빌려달라는데 야박하게 굴다니.) 옆의 사람이 괜찮은지 물어본다.

Key words

1. help 2. hand 3. favor 4. May I sit 5. What can I do
6. Do you mind 7. borrow 8. repeat 9. May not
10. Are you okey?

14. POLICE STATION (경찰서에서)

1. CALLING TO REPORT

2. BURGLAR

3. WAS GONE

4. ROBBED

5. FORGOT MY BAG

6. LOST & FOUND

7. CONTACT

8. REPORT A ASSAULT

9. ATTACT WITH KNIFE

10. BREATHING

14. POLICE STATION (경찰서에서)

1. I'm calling to report a theft.
2. A burglar broke into the room.

3. My wallet was gone (from my room).
4. I've just been robbed.

5. I forgot my bag in the taxi.
6. where's the lost and found office?

7. If you find it, contact this number please.
8. Hi, I'm here to report a assault.

9. Someone attacked my husband with a knife.
10. He seems to have difficulty in breathing.

1. 도난 신고하러 전화했습니다.
2. 도둑이 방에 침입했습니다.
3. 제 지갑이 없어졌습니다, (방에서)
4. 강도를 막 당했습니다.
5. 택시에 제 백을 (잊어먹고) 놓고 내렸어요.
6. 분실물 보관소가 어디입니까?

7. 만약 찾으면 이 번호로 연락 부탁합니다.
8. 여보세요, 폭행(소매치기, 날치기) 신고하러 왔습니다.
9. 누가 제 남편을 칼로 공격했어요.
10. 그는 호흡이 곤란한 것 같아요.

그림설명 - illustration
1. 핸드폰으로 경찰서에 도난 신고 전화를 합니다.
2. 도둑이 창문을 통해 방으로 침입하고 있다.
3. 지갑이 사라졌다고 신고하고 있다.
4. 강도가 남자의 백을 빼앗으려 하고 있다.
5. 택시 뒷좌석 안에 백을 놓고 내렸다
6. 분실물 보관소에 분실물(LOST PROPERTY)들이 보관되어 있다.
7. 발견하면 연락해 달라고 전화번호, 이메일 등을 남긴다.
8. 부인이 남편에게 얻어맞고 경찰서에 신고하러 왔다.
9. 칼로 공격하는 장면.
10. 호흡이 곤란한 듯 두 손을 가슴에 대고 있다.

Key words
1. theft 2. burglar 3. wallet 4. rub 5. forget 6. lost and found
7. contact 8. assault 9. attack 10. breathing

15. ANGRY (화낼 때)

1. UP SET

2. DISPLEASED

3. MAD

4. STOP

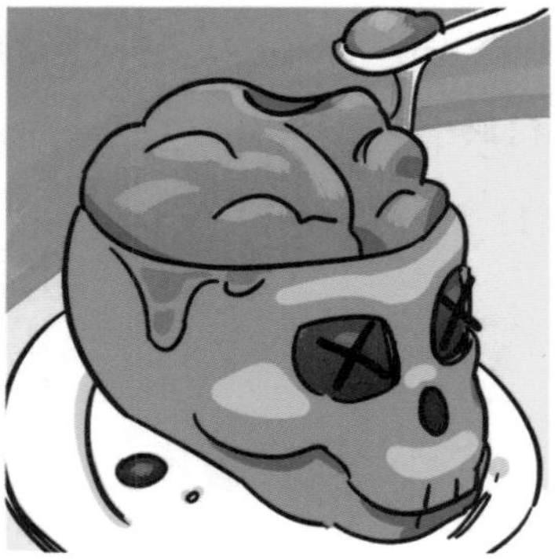

5. DISGUSTING

6. TURN ME OFF

7. DON"T MAKE LAUGH

8. DISCRIMINATION

9. INSULT

10. GET OUT OF HERE

15. ANGRY (화낼 때)

1. I'm so upset.
2. I'm displeased at your rudeness.

3. I'm so mad right now.
4. Would you stop that?

5. It's so disgusting!
6 She turns me off.

7. Don't make me laugh.
8. Cut the (racial) discrimination out.

9. His insult made me angry.
10. Get out of here.

1. 나 지금 매우 기분 안 좋소.(화났어-Trump)
2. 나 당신의 무례함에 화났소.(기분이 안 좋아)
3. 나 지금 매우 화났어.(angry 보다 강한 상태 - 화나서 돌 것 같아- stonger expression than angry)
4. 그만 좀 하시오.
5. 구역질 나는군.

6. 그녀는 밥맛이야.(성격, 성적 욕구 등의 불만)
7. 웃기지 마쇼.
8. (인종) 차별하지 마시오.
9. 당신의 모욕적인 행동이 나를 극도로 화나게 했다.
10. 꺼져.(여기서 나가.)

그림설명 - illustration
1. 트럼프(정치인)가 화난 모습
2. 지하철의 쩍벌남
3. 여자아이가 너무 화가 나서 돌 것 같은 표정.
4. 성추행하는 모습(sexual harassment)
5. 구역질 나게 하는 원숭이 골 요리(disgusting)
6. 코를 파는 박근혜.(ex-president Park)
7. 국민이 다 아는 거짓말을 '새빨간 거짓말'이라고 외치는 이명박의 웃기는 모습.(ex-president Lee is telling obvious lie.)
8. 왕따 당하고 (인종) 차별받는 모습
9. 손가락 욕하는 모습
10. 여기서 (당장) 나가라고 내쫓는 모습

Key words
1. upset 2. displease 3. mad 4. stop 5. disgusting 6. turns off
7. make laugh 8. discrimination 9. insult 10. get out of here

16. HOSPITAL (병원에서)

1. WHAT CAN I DO

2. HERE TO SEE A Dr.

3. FEEL SICK

4. EMERGENCY

5. BOTHERING

6. SYMPTOMS

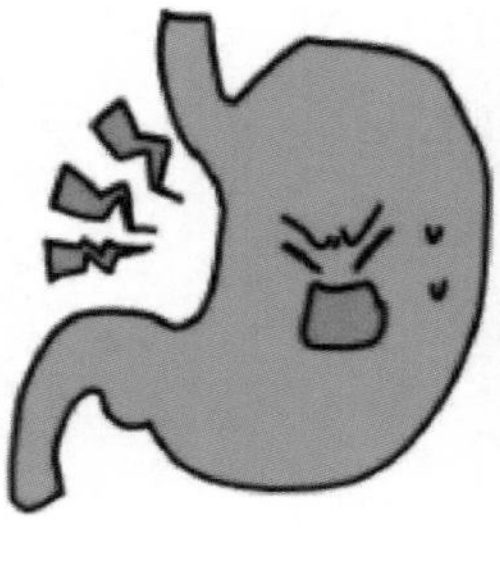
7. STOMACHACHE

8. HOW LONG

9. DIARRHEA

10. POISONED FOOD

16. HOSPITAL (병원에서)

1. What can I do for you?
2. I'm here to see a doctor.

3. I feel sick.
4. I didn't make appointment. But it's urgent
어r전트

5. What's bothering you?
6. What are your symptoms?
심(ㅍ)텀스

7. I have a stomachache.
스터막에이크
8. How long has it been hurting?
허r팅

9. Do you have diarrhea?
다이어리'어
10. It looks like you are poisoned by food.
포이즌드

1. 무엇을 도와드릴까요?
2. 의사 선생님을 뵈러 왔습니다.(여기에 와 있습니다)
3. 아픕니다.
4. 약속은 안 했지만 응급상황입니다.
5. 어디가 불편하세요?
6. 증상이 어떤가요?
7. 배가 아파요.
8. 아픈 지가 얼마나 됐어요?
9. 설사를 합니까?
10. 음식에 의한 식중독 같습니다.

그림설명 - illustrations
1. 간호사가 용건을 묻고 있음.
2. (저는) 여기에 있습니다. 의사선생님을 뵈러.
3. 개가 열이 나고 매우 아파 엎드려 있습니다.
4. 응급환자를 급히 밀고 감.
5. 어디가 불편하신지요?(아픕니까?)
6. 증상은 열, 오한, 기침(fever, coldess, cough)
7. 복통(위)을 일으키고 있음.
8. 감방안에서 여러 날이 지난 듯 벽에 금을 그어 놓았음.
9. 설사를 하는 모습
10. 음식의 세균들이 악마처럼 웃고 있음.

Key Words
1. what can I do 2. I'm here 3. sick 4. urgent 5. bothering
6. symptoms 7. stomachache 8. how long 9. diarrhea
10. poisoned

17. WEATHER (날씨)

1. WEATHER FORECAST

2. SUNNY

3. CLOUD AND RAIN

4. TEMPERATURE

5. DISCOMPORT INDEX

6. THUNDER STORM

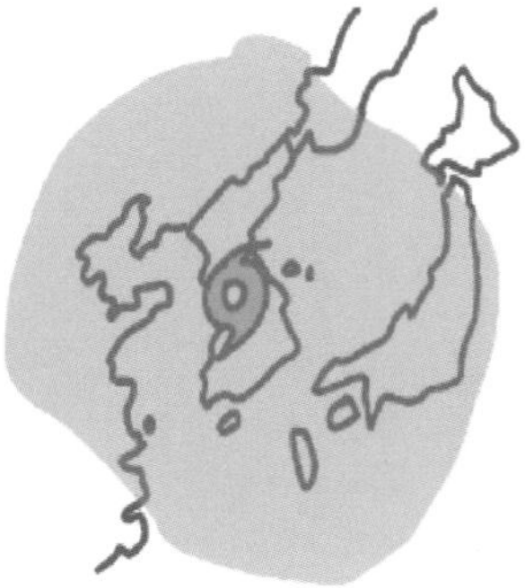

7. TYPHOON

8. HEAVY SNOW

9. FINE DUST

10. CATCH COLD

17. WEATHER (날씨)

1. What‘s the weather forecast for 7days?
   (How‘s the weather today?)
2. What a beautiful sunny day.

3. It’s cloud and rain sometimes.
4. Today’s temperature is 40 degrees celcious.

5. The discomport index is also very high.
6. It is supposed to rain and thunderstorm today.

7. A typhoon warning has issued in Korea.
   (flood, tornado, hurricane, cyclone, ..)
8. Weatherman says it will heavy snow tomorrow.

9. There was an alarm for fine dust.
10. I always catch cold in the winter.

1. 7일간 기상예보가 어때요?
2. 아름답게 화창한 날이군요.
3. 구름이 끼고 가끔 비가 올 것 같네요.
4. 오늘 기온은 섭씨 40도입니다.

5. 불쾌지수 역시 매우 높습니다.
6. 오늘, 비와 천둥을 동반한 폭풍이 온답니다.
7. 한국에 태풍 경보가 발령됐어요.
8. 오늘 기상예보맨 말이 내일 눈이 매우 많이 내린답니다.
9. 미세먼지 경보가 내렸습니다.
10. 난 겨울엔 항상 감기에 걸려요.

그림설명 - illustrations

1. 1주간 일기예보 화면
2. 창밖을 내다보니 화창한 날씨가 보임
3. 비구름에서 빗방울이 뚝뚝 떨어지고 있음.
4. 섭씨 40도의 기온에 선풍기와 부채까지 동원했음.
5. 높은 불쾌지수
6. 비와 천둥, 비까지 내리며 나무가 폭풍에 날리는 그림이 보임.
7. 한반도 위치에 태풍경보
8. 폭설로 차와 집들이 덮였음.
9. 심한 미세먼지로 인해 거리가 뿌옇고 사람들이 모두 마스크를 쓰고 있음.
10. 감기에 걸린 모습

Key words

1. weather forecast 2. sunny 3. cloud and rain 4. temperature
5. discomport index 6. thunder storm 7. typhoon 8. heavy snow
9. fine dust 10. catch cold

18. HOUSE & FAMILY (집과 가족)

1. WHERE LIVE

2. SUBURB

3. KIND OF PLACE

4. FOUR BEDROOM

5. RENT

6. FAMILY

7. WIFE & 3 CHILDREN

8. PREGNANT

9. 5 PEOPLE

10. GRANDMOM

18. HOUSE AND FAMILY (집과 가족)

1. Where do you live Mr. Donald?
2. I live in the suburb of L.A.

3. What kind of place do you live?
4. I live in a four bed room house.

5. The rent is sky - high so I share with my nephew.
6. How many people are in your family?

7. I and my wife have three children.
8. My wife is pregnant and due in March.

9. That's great! There will be five people in your family.
10. My grandmom passed away last year.

1. 미스터 다'날드 어디 사세요?
2. 엘에이 교외에 삽니다.
3. 어떤 동네에 사시는지요?
4. 4 베드룸 하우스에 삽니다.

5. 월세가 하늘같이 높아서 조카와 같이 삽니다.
6. 가족이 몇 분이세요?
7. 저와 아내, 애가 셋입니다.
8. 제 아내는 임신 중이고 3월에 해산이에요.
9. 잘 됐네요. 가족이 다섯이 되겠네요.
10. 할머니는 작년에 돌아가셨어요.

그림설명 - illustrations

1. 지도상 나의 집 위치
2. 대도시 (L.A.)의 교외 지역
3. 아파트 동네 모습
4. 침실 4개인 집
5. 집세가 하늘 높이 올라가고 있음.
6. 상당히 많은 인원의 가족이 보임.
7. 아내와 세 아이가 보임.(남편은 아마 사진 찍고 있음)
8. 해산이 임박한 임신 중인 여자
9. 부부와 두 아이, 총 다섯 명
10. 돌아가신 할머니의 장례식 사진

Key words

1. where live 2. suburb 3. kind of place 4. four bedroom
5. rent 6. family 7. wife & three children 8. pregnant
9. five people 10. grandmom

19. SCHOOL & WORK PLACE
(학교와 직장)

1. SCHOOL

2. BY BUS

3. TRAFFIC JAM

4. ROLL

5.MESSED UP

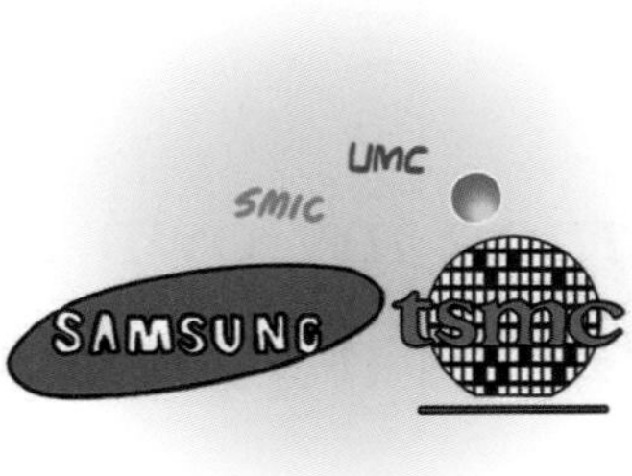

6. WHAT COMPANY

7. OWN BUSINESS

8. DO FOR A LIVING

9. SATISFIED

10. CHANGE JOB

19. SCHOOL & WORK PLACE (학교와 직장)

1. Which school do you go to?
2. I go to school by bus.

3. I was caught in a traffic jam.
4. Hi, Jimmy. Did she call the roll already?

5. I messed up the test.
6. What kind of company do you work at ?

7. I'm running my own business.
8. What do you do for a living?

9. Are you satisfied with your job?
10. I'm planning to change my job.

1. 어느 학교에 다니세요?
2. 버스로 학교에 갑니다.
3. 교통체증에 걸렸었어.
4. 하이 지미. 출석 이미 불렀니?
5. 시험을 망쳤어요.
6. 어떤 회사에서 일하세요?

7. 자영업을 합니다.
8. 무슨 일을 (해서 먹고 사세요) 하세요?
9. 직업에 만족하세요?
10. 직장을 옮길 계획이에요.

그림설명 - illustrations

1. 서울대학교 정문

   * I go to Seoul university의 두 가지 뜻 :

   <1> 나는 서울대학교에 갑니다. <2> 나는 서울대학교에 다닙니다.

   * 나는 서울대학교에 다닙니다.(의 다른 표현)

   : I'm attending Seoul university.

3. 교통체증(러시아워)으로 차들이 도로를 가득 메우고 있음.
4. 중세 서양 학교의 두루마리 출석부 그림.
5. 빵점 맞은 시험지
6. 반도체 관련회사
7. 노점 판매 수레(자영업)
8. 거지
9. 회전의자에 반쯤 누워 만족하는 회사원
10. 회사를 때려치우고 다른 직장을 찾아 떠남

Key words

1. school 2. bus 3. traffic jam 4. roll 5. mess up 6. company
7. own business 8. living 9. satisfy 10. change

20. HOBBY & LEISURE (취미와 여가)

1. SPARE TIME

2. AFTER WORK

3. HOME BODY

4. INTERESTED

5. DRAWING

6. KIND OF MUSIC

7. HIPHOP

8. DIFFERENT TASTE

9. SPECIALTY

10. SPECIAL PLAN

20. HOBBIES & LEISURE (취미와 여가)

1. How do you spend your spare time?
2. What do you usually do after work?

3. I'm definitely a home bird
4. What are you interested in?

5. Are you good at drawing?
6. What kind music do you listen to?

7. He is absorbed in Hiphop music.
8. You have quite different taste.

9. What's your specialty?
10. Do you have any special plan for the weekend?

1. 여가를 어떻게 보내세요?
2. 퇴근 후에 주로 뭘 하세요?
3. 전 진짜 집돌이예요.("이불 밖은 위험해." 집에만 박혀사는 집돌이는 house boy라고도 함. 유사 단어 'home boy' 뜻은 고향 친구, 동향인.)
4. 뭐에 흥미가 있어요?(럭비)

5. 그림을 잘 그리시나요?
6. 어떤 음악을 들으시나요?
7. 힙합에 심취해 있어요.
8. 당신은 정말 별난 취향을 가졌네요.
9. 당신의 특기가 뭐예요?
10. 주말에 특별한 계획이 있나요?

그림설명 - illustrations

1. 그림과 음악 등 여가시간을 보내고 있음.
2. 헬스에서 운동 중
3. 집(이불)에만 박혀있는 개.
4. 럭비에 빠져있는 모습
5. 드로잉 하는 모습
6. 클래식 기타 치는 모습
7. 힙합가수
8. 리얼돌(Real doll)을 자전거 안장으로 만들어 타고 다니는 취미.
9. 마술이 특기(magic)
10. 짚라인 타는 모습 (zip line)

Key words

1.spare time 2. after work 3. home bird 4. interested in
5. good at 6. what kind music 7. don't care for 8. taste
9. specialty 10. plan

21. BUSINESS ENGLISH (회사에서)

1. SICK AND TIRED

2. BY EXPRESS

3. SORRY

4. BE PASSED OVER

5. CAN'T TAKE IT

6. EXHAUSTED

7. PRESENTATION

8. PUT THEM IN

9. NEAT

10.
DISCRIMINATION

21. Business English (회사에서)

1. I'm sick and tired of meeting without end.
2. Do you want to sent it by express?

3. You will be sorry for this.
4. I was passed over for a promotion.

5. I can't take it anymore.
6. I am exhausted.

7. Would you put them in a folder?
8. We are suppose to make a presentation at 3 p.m..

9. She is neat in her person.
10. James is discriminating against me because I'm a woman.

1. 결론 없는 회의는 그만했으면 좋겠어요.
2. 이것을 급히 보낼까요?
3. 당신은 이 일로 후회하게 될 거예요.
4. 나는 승진에서 누락됐어요.

5. 난 더 이상 참을 수 없어요.
6. 난 탈진했어요.
7. 폴더에 넣어 주실래요?
8. 우리는 오후 3시에 발표회를 가질 예정이에요.
9. 그녀는 단정합니다.
10. 제임스는 나를 차별하고 있어요. 여자라는 이유로.

그림설명 - illustration

1. 끝없는 회의로 지쳐버린 직원들.
2. 이것을 특급으로 보내주길 원하시나요?
3. 백만 불짜리 계약서를 찢어버리는 장면.
4. 승진에서 누락되어 올라갈 수 없는 2층을 바라보며 면 화를 누그러뜨리고 있다.
5. 회식자리에서 상사의 추행을 더 이상 참을 수 없어요.
6. 너무 지쳐 책상에 엎드려 있다.
7. (일급비밀)을 폴더에 넣다.
8. 발표회 모습.
9. 복장이 단정한 그녀.
10. 여자라고 함부로 대하는 남자 직원들.

Key words

1. sick & tired 2.express 3. sorry 4. promotion 5. can't take
6. exhausted 7. put in 8. presentation 9. neat 10. discriminate

22. BUSINESS ENGLISH

1.honored

2.Seoul

3.CUSTOMER SERVICE

4. Senior project manager

5.welcome

6. calling about the meeting

7. person in charge of sales

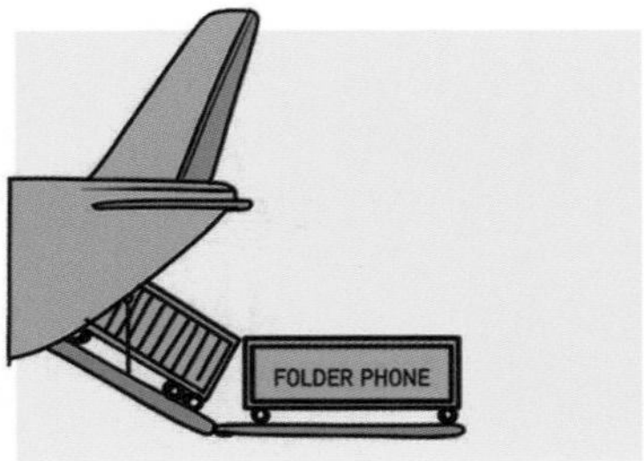

8.air freight

9.running out of time

10.hard work

22. Business English (WORK-업무)

1. I'm honored to have you here.(암 어너 트 해뷰)
2. Is this first time visit in Seoul?(퍼ㄹ스타임 비짓)

3. I'm responsible to Samsung Electronics Customer Service.(리스판서블)
4. I'm a senior project manager of General Electronics.

5. On behalf of SK Electronics I would like to welcome you.(아이 운 라이ㅋ트 웰컴유)
6. I'm calling about the meeting tomorrow on the production schedule.

7. May I talk to the person in charge of sales ?
8. We are planning to deliver 20,000 folder phones via air freight.(비여 에어 프레이트)

9. Excuse me Mr. Na sorry to interrupt you but we are running out of time. (러닝 아러브 타임)
10. I want to thank the staff for their hard work in organizing this meeting.

1. 귀하를 모시게 되어 영광입니다.(기쁩니다.)
2. 이번이 처음 서울 방문이신가요?
3. 저는 삼성전자 고객서비스 담당자입니다.
4. 저는 제너럴 일렉트릭스의 수석 프로젝트 매니저입니다.
5. SK전자를 대표하여 당신을 환영합니다.
6. 저는 내일 있을 생산 일정에 관한 회의 건으로 전화드립니다.
7. 영업 담당자와 얘기할 수 있을까요?
8. 저희는 폴더폰 2만 대를 항공편으로 보내려고 합니다.
9. Mr. 나, 방해해서 죄송합니다만 저희가 시간이 없어서요.
10. 이번 미팅을 준비해 주신 스탭들의 노고에 감사를 표합니다.

그림설명 - illustrations

1. 오바마가 일본 천황과 악수하는 장면 (Obama & Japanese emperor Akihito).
2. 서울(Seoul) 로고
3. 삼성고객센터 아가씨
4. GE 수석기획매니저가 GE 간판에 올라앉아 있음.
5. 남자의 팔을 벌리고 환영하는 포즈.
6. 스마트폰에 찍힌 회의 모습.
7. $$$를 말하는 영업사원.
8. 비행기에 선적하는 모습.
9. 시간에 쫓기다가 기차를 놓침
10. 짐꾼이 냉장고를 지고 힘들게 설악산을 오름.

Key words

1. honored 2. Seoul 3. customer service 4. manager
5. welcome 6. calling 7. in charge of 8. air freight
9. out of time 10. hard work

23. BUSINESS ENGLISH

1.CEO

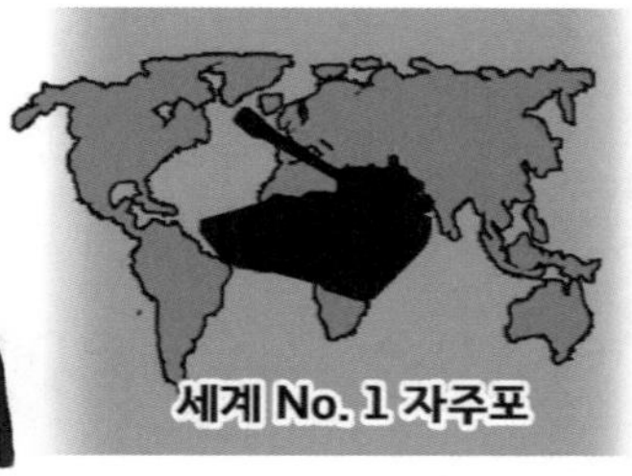

2. MARKET SITUATION

3. HIRE

4. CONFIDENCE

5. DETAIL

6. ON LINE MARKETING

7. SIMILAR RESEARCH

8. FEEL FREE

9. RECOMMEND

10. THANK YOU FOR ATTENDING

23. Business English (Presentation 발표)

1. Let me introduce our CEO Jae Yong Lee.
2. I am going to describe the current market situation.(of defense industry)

3. In conclusion, we need to hire more people.
(위 니트 하이어 모어 피플)
4. I can speak with confidence about this point.
(칸피던스)

5. I'd like to go into detail about the reason.
6. What is particularly important is online marketing strategies.(스트래'터지즈)

7. Let's talk the case of similar research.
8. Please feel free to ask if you have any questions.

9. I strongly recommend that you reconsider the decision. (스트롱리), (디시젼)
10. Thank you for attending this conference.
(칸퍼런스)

1. 우리의 최고 경영책임자 이재용 씨를 소개합니다.
2. 현재의 (방위산업) 시장 상황에 대해 설명드리겠습니다.
3. 결론적으로 우리는 더 많은 직원을 고용해야 한다는 것입니다.
4. 이점에 대해 전 자신 있게 (확실하게) 말씀드릴 수 있습니다.
5. 그 이유에 대해 상세한 설명에 들어가겠습니다.
6. 특별히 중요한 것은 온라인 판매전략입니다.
7. 유사한 경우의 연구에 대해 말씀드리겠습니다.
8. 질문이 있으시면 주저하지 말고 말씀해 주세요.
9. 이 결정에 대해 재고해 주실 것을 강력히 제안합니다.
10. 이 회의에 참석해 주셔서 감사합니다.

그림설명 - Illustration

1. 이재용
2. 마켓 동향(한국제 k9 자주포가 세계시장을 석권하고 있음.)
   (No.1 selling self propelled gun K9 in the world)
3. 직원 채용 면담 모습.
4. 자신감 있는 모습.
5. 세부사항을 돋보기로 들여다 봄.
6. 컴퓨터 화면(ON LINE MARKETING 의미)
7. 2가지의 발기부전치료제(impotency drugs)
8. 수줍어서 발언을 주저하는 여자 모습
9. 상습적 성범죄자에 대한 화학적 거세를 강력히 제안함.
   (chemical castration)
10. 감사의 인사를 표하는 모습.

Key words

1. Jae yong Lee 2. market situation 3. hire 4. confidence
5. detail 6. online marketing 7. research 8. feel free
9. recommend 10. attending

24. BUSINESS ENGLISH

1. SAMSUNG

2. E_MAIL FORWORD

3. SHARE PRICE

4. YOUR THOUGHT

5. GET BACK TO ME

6. HOLD A MEETING

7. STRONG TEST

8. HOW MUCH THINK

9. HIGH PRIICE

10. NO ROOM

24. Business English
(Real Business 실무)

1. Who do you work for?
2. I understand that you forward my e-mail to your boss.

3. Our share price fell sharply yesterday.
4. Please let us know your thoughts on this matter.

5. Please get back to me as soon as(ASAP) posssible.
6. We'd like to hold a meeting next week.

7. Our folder phone 2 successfully went through the stress test.
8. What kind of price do you have in mind?

9. That seems rather high for a good customer.
10. We have no room for any further price reduction.

1. 당신은 어느 회사에서 일합니까?
2. 당신이 나의 이메일을 사장에게 전달한 것으로 알고 있습니다.
3. 우리 회사 주가가 어제 급격히 하락했습니다.
4. 이 문제에 대해 당신의 생각을 알려주시오.
5. 가능한 한 빨리 답변해 주세요.
6. 우리는 다음 주에 회의를 열고자 합니다.
7. 우리의 폴더폰 2가 강도 테스트 를 성공적으로 통과했습니다.
8. 얼마 정도의 가격을 생각하십니까?
9. 그것은 충성고객에게 좀 높아 보입니다.
10. 우리에겐 더 이상 가격 인하의 여지가 없습니다.

그림설명 - illustrations

1. 삼성회사 모습(samsung)
2. 컴퓨터에서 이메일 전달하는 모습
3. 주가하락하는 그래프(stock price)
4. 생각하는 남자의 모습
5. 응답하라 1988("Answer 1988" - Title of famous Korean tv drama)
6. 회의하는 모습
7. 폴더폰을 망치로 내리치는 장면(강도테스트)
8. 어떤 가격을 생각하는 모습
9. 너무 비싼 소고기 가격(100g에 20,000원 - $17.00/100g)
10. 90% 할인 - 원가이하 가격

Key words

1. work for 2. forward 3. share price 4. thought 5. get back
6. hold a meeting 7. stress test 8. kind of price 9. rather high
10. reduction

25. COMPORT & ENCOURAGEMENT
(위로와 격려)

1. SORRY TO HEAR

2. SHAME

3. DISCOURAGED

4. DEEPEST SYMPATHY

5. CALME DOWN

6. CHEER UP

7. NERVOUS

8. COOL DOWN

9. TRAGIT

10. DON'T PANIC

25. COMPORT & ENCOURAGEMENT (위로와 격려)

1. I'm sorry to hear that.
2. What a shame!

3. Don't be so discouraged.
4. I offer you my deepest sympathy.

5. Please Calm down. I know how you feel.
6. Cheer up. You can do it better next time.

7. Don't be nervous about the test.
8. Cool down your hot temper.

9. What a sad day. It's tragic.
10. What a pity. Don't panic.

1. 그 소식을 들으니 참 안 됐군요.
2. 아이고, 창피해.
3. 너무 낙담하지 마세요.
4. 삼가 깊은 애도를 드립니다.
5. 가라앉혀. 너의 기분을 알 것 같아.
6. 기운을 내. 다음번엔 잘할 수 있어.

7. 면접에 대해 너무 긴장하지 마세요.
8. 식히세요. 당신의 뜨거운 성질을.
9. 정말 슬픈 날이군요. 비극적이네요.
10. 어머 가엾어라. 침착하세요.

그림설명 - illustration

1. 알제리에서 프랑스로 밀입국하다 익사하여 해변에 떠밀려온 난민 어린아이.(A refugee child drowned and washed ashore while smuggling from Algeria to France.)
2. 바바리맨의 수치스러운 행동
3. 시험에 낙방한 수험생 (failed in the exam)
4. 상갓집에서 애도하는 말.(Words of Mourning at funeral)
5. 어린아이를 달래는 엄마.(A mother comforting a child)
6. 기운을 내는 남자 모습
7. 면접에 떨어질까 너무 긴장하고 있다.(in the interview)
8. 스님이 머리에 얼음주머니를 얹고 화를 식히고 있다.
9. 강아지가 하늘나라로 감.(The puppy goes to heaven.)
10. 가여워하며 당황하지 말라고 어루만져 준다.

Key words

1. sorry to hear 2. shame 3. discouraged 4. deepest sympathy
5. calm down 6. cheer up 7. nervous 8. cool down 9. tragic
10. don't panic

26. INTERESTING & TOUCHING
(흥미와 감동)

1. GLAD

2. PLEASED

3. MY PLEASURE

4. GREAT

5. MOVED

6. HAPPY

7. SURPRISE

8.KIDDING

9. CRAZY ABOUT

10. KOREAN HISTORY

26. INTERESTING & TOUCHING (흥미와 감동)

1. I'm glad to hear that.
2. You must be very pleased.

3. It's my pleasure.(thank you 의 대꾸)
4. Oh, This is great.(wonderful)

5. I was deeply moved.
6. I was so happy at my daughter's wedding.

7. What a surprize. I can't believe.
8. You are kidding me.

9. He's crazy about Korean soap opera.
(소웊 아'프러)
10. I'm very interested in Korean history.

1. 그 소식을 들으니 정말 기쁩니다.
2. 당신은 매우 기쁘시겠네요.
3. 저야말로 기쁩니다.
4. 오, 이거 끝내주는군요.(대단하군요. 놀랍군요.)
5. 난 깊이 감동되었어요.

6. 딸의 결혼식에서 난 너무 기뻤어요.
7. 아니 이게 웬일이야. 믿을 수 없군.
8. 농담이지!
9. 그는 한국 연속극에 (홀딱) 빠졌어.
10. 난 한국 역사에 아주 흥미가 있어.

그림설명 - illustrations

1. 뒤태를 보이는 여인이 술잔을 들고 기뻐하고 있다.
2. 김연아가 금메달을 받고 찍은 사진
3. 아이고 별말씀을 그게 저의 기쁨입니다.
4. 태권도 발차기로 멋지게 격파는 장면.
5. 예술적인 발레 동작에 감동을 받는다.
6. 딸의 결혼식에서 딸과 같이 사진을 찍으며 행복해하다.
7. 선물상자에서 반나의 미녀가 튀어나오다.
8. 서양 광대가 농담을 연출하다.
9. TV 브라운관 속에서 한국 연속극(남녀)이 보인다.
10. 이순신 장군과 거북선 (한국 역사)이 보인다.

Key words

1. glad 2. pleased 3. pleasure 4. great 5. moved 6. wedding
7. surprise 8. kidding 9. soap opera 10. Korean history

27. DOUBT & OPPOSITION (의심과 반대)

1. NOT RIGHT

2. I DON'T THINK

3. STOP

4. OPPOSE IT

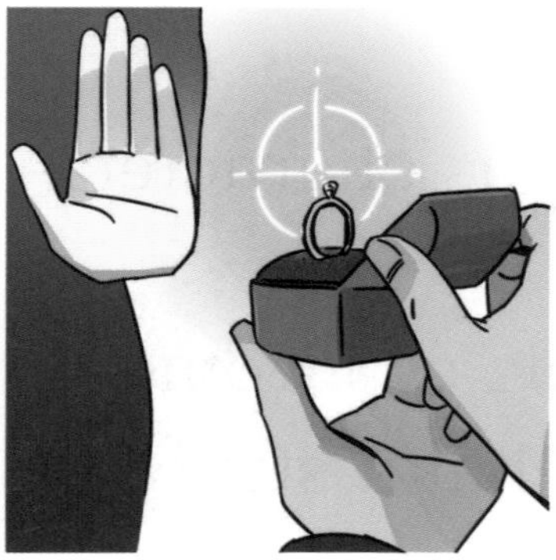

5. NO THANKS

6. SUSPICIOUS

7. OTHELLO SYNDROME

8. DOUBT

9. HONESTY

10. HOMOSEXUALITY

27. Doubt & Opposition (의심과 반대)

1. No, that's not right.
2. I don't think so.

3. Stop that. Absolutely not.
4. I'm oppose to your idea.

5. No thanks.
6. He's a suspicious character.

7. This is a Othello syndrome.
8. I really doubt that it'strue.

9. I doubt his honesty.
10. I strongly oppose to homosexuality.

1. 아니요, 그것은 옳지 않습니다.
2. 난 그렇게 생각지 않습니다.
3. 멈추시오. 절대로 아닙니다.
4. 난 당신의 생각에 반대합니다.
5. 아뇨, 사양합니다.
6. 그는 의심이 많은 성격입니다.

7. 이것은 의처증입니다.
8. 난 이것이 진실이란 것을 실로 의심합니다.
9. 난 그의 정직성을 의심합니다.
10. 난 동성애를 강력히 반대합니다.

그림설명 - illustrations

1. 고개를 좌우로 흔들며 그것은 옳지 않다고 말한다.
2. 여자가 난 그렇게 생각 않는다고 손가락을 들어 젓고 있다.
3. 손바닥을 들어 강력하게 제지한다.
4. 그릇에 담긴 강아지.(eating dog-개 식용에 반대)
5. 청혼의 반지를 주려 하자 거부한다.(propose ring)
6. 서부영화(황야의 무법자 등)에서 주로 악역으로 출연하는 '리반 크리프' 의 의심 많은 얼굴.(Lee Van Cliff-of 'spagetti western movie)
7. 의처증 있는 남편이 아내의 목을 조르고 폭행하는 장면.
8. 식인종이 사람을 끓이는 장면
(목욕이라고 하는 거짓말 : canibal boils a man in the bath tub)
9. "새빨간 거짓말입니다."라고 말하는 이명박.
(ex : president Lee is telling a lie)
10. 키스하는 두 호모 남자의 사진.

Key words

1.not right 2. think so 3. stop 4. oppose 5. no thank you
6. suspicious 7. Othello syndrome 8. doubt 9. honesty
10. homosexuality

28. TROUBLE & REFUSE (곤란과 거절)

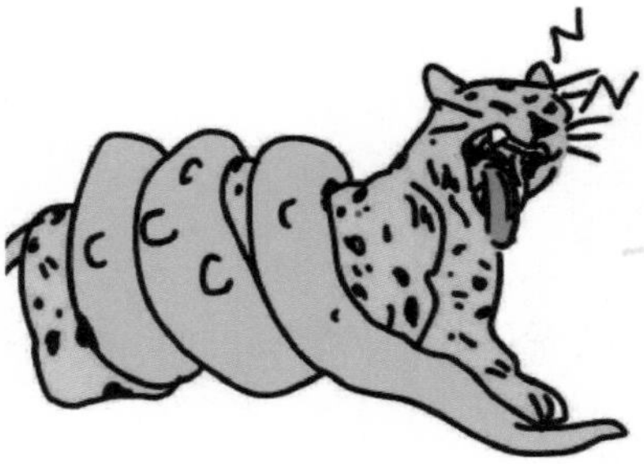

1. TROUBLE

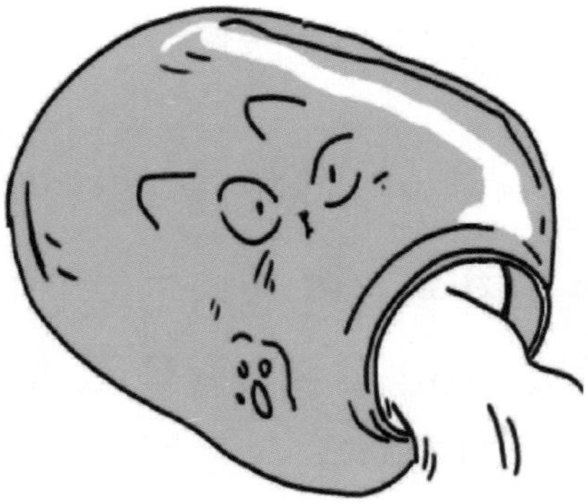

2. DIFFICULT

3. MESS

4. CAN'T MAKE IT

5. MAKE SICK

6. TERRIBLE

7. AGREE WITH

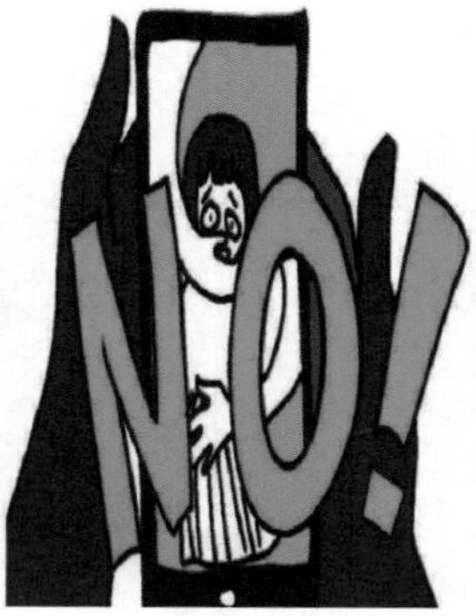

8. AGAINST IT

9. DIFFERENT OPINION

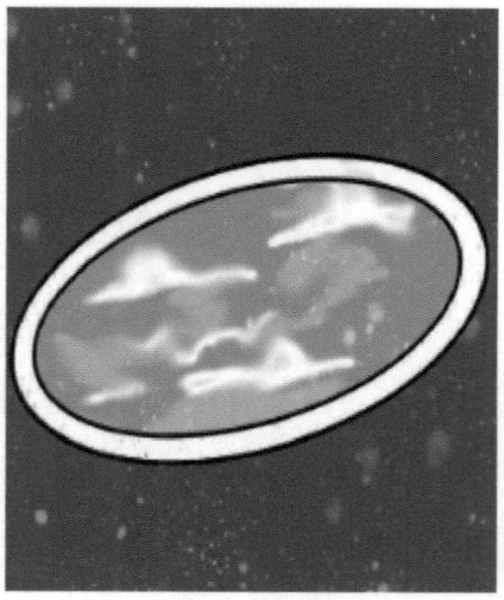

10. COMPLETELY WRONG

28. TROUBLE & REFUSE (곤란과 거절)

1. I am in trouble.
2. Nancy is in a a very difficult position.

3. This is a real mess.
4. I can't make it.

5. You make me sick.
6. I think rap music is terrible.

7. I don't agree with you.(I disagree with you)
8. I'm against it.(I oppose it)

9. I have a different opinion about that.
10. You are completely wrong.

1. 우리는 곤경에 처했다.
2. 낸시는 매우 어려운 처지에 있다.
3. 이것은 실로 엉망진창이다.
4. 저는 안 돼요.(할 수 없어요. 만나는 사람이 있어요.)
5. 넌 보기도 싫어.(I feel like vomiting)
6. 난 랩뮤직이 끔찍해요.(지긋지긋해요)

7. 난 당신에게 동의하지 않아요.(6 & 9)
8. 난 그것에 반대합니다.
9. 난 그것에 대해 다른 의견을 갖고 있습니다.
10. 당신은 완전히 틀렸습니다.

그림설명 - illustrations

1. 낸시(표범)가 아나콘다에게 휘감겨 사망 직전임.
2. 고양이가 병 속에 들어가서 나오지 못하고 있음.
3. 어린애가 집안을 온통 난장판으로 만들어 놓았음.
4. 한 남자가 여자에게 구애를 하고 있음. 여자는 거절하고 있음. (because I'm dating someone)
5. 여자가 역겨워 토하려고 하고 있음.
6. 혐오스러운 가수가 랩뮤직을 부르고 있음.(rap music)
7. 9 또는 6자를 놓고 서로 다른 주장을 하고 있음
8. 아동 음란물 사이트를 반대함.(child pornography)
9. 혼전순결 서약에 대해 다른 견해를 갖고 있음.(vow of chastity before marrage)
10. 지구가 평평하다는 것은 완전히 틀렸다.(flat earth theory)

Key words

1. trouble 2. difficult 3. mess 4. make it 5. make sick
6. terrible 7. agree with 8. against it 9. different opinion
10. completely wrong

29. PERSONALITY (성격)

1. PERSONALITY

2. SHY

3. HUMOUR

4. TALKATIVE

5. CHEERFUL & SOCIABLE

6. GENEROUS

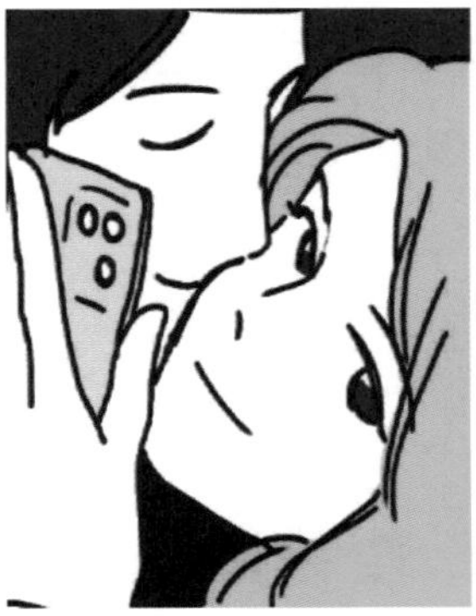

7. SELFISH

8. WISE & NOBLE

9. FOOLISH
& CHILDLIKE

10. MODEST
& COURTEOUS

29. PERSONALITY (성격)

1. What is his personality like?
(펄스낼러티)
2. She is shy, quiet and introverted.

3. He has a great sensed humour.
4. She is talkative person.
(토커티브)

5. She is cheerful and sociable woman.
6. He is generous family man.

7. She is selfish and narrow .
8. She is wise and noble.

9. He is foolish and childlike.
10. He is modest and courteous.

1. 그의 성격은 어떤 것 같습니까?
2. 그녀는 수줍음 타고, 조용하고, 내성적입니다.
*(외향적: extroverted)
3. 그는 유머감각이 매우 뛰어난 남자입니다.

4. 그녀는 수다스러운 사람입니다.(big mouse)

5. 그녀는 명랑하고 사교적인 여자입니다.

6. 그는 너그럽고 가정적인 남자

7. 그녀는 이기적인 편협 합니다.

8. 그녀는 현명하고 고매합니다.

9. 그는 어리석고 유치합니다.

10. 그는 겸손하고, 예의 바릅니다.

그림설명 - illustrations

1. 겉과 속이 다른 성격.(different from the inside)
2. 수줍어 얼굴을 가리고 있는 여자.
3. 천재적인 유머감각을 가진 찰리 채플린.(humorous Charlie Chaplin)
4. 수다쟁이 여자 그림.
5. 유쾌하고 사교적인 김정숙 여사.(former Korean first lady Mrs. Moon)
6. 관대하고 가정적인 남자.
7. 남자와 키스하면서도 폰을 보며 자기만 생각하는 이기적이고 편협한 여자
8. 현명하고 고상한 신사임당.(lady on 50,000 won bill)
9. 바보연기하는 심형래.(stupid comedian Sim)
10. 무릎을 꿇는 겸손하고 예의 바른 코끼리.

Key words

1. personality 2. shy 3. humour 4. talkative

5. cheerful & sociable 6. generous 7. selfish 8. wise & noble

9. foolish & childlike 10. modest & courteous.

30. AIR PORT (공항에서)

1. pick up speed

2. waiting list

3. check

4. place up

5.carry on bag

6. window or aisle

7. go straight

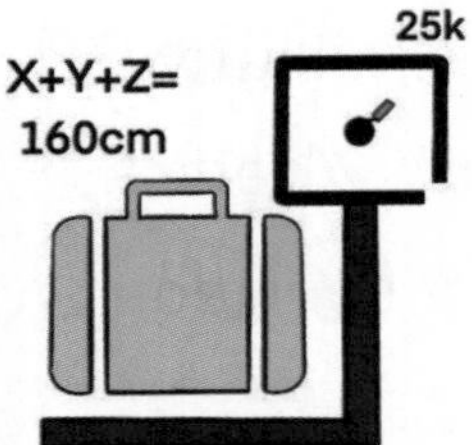

8. over weight fee

9. air sickness bag

10. a glass of water

30. AIR PORT (공항에서)

1. I'm hurry. Can you please pick up speed?
2. Would you put my name on the waiting list?

3. How many pieces of luggage do you want check? (check-in baggage?)
4. Can you place your bag up here?

5. How many carry-on baggages are you taking with you?
6. Do you prefer window or aisle seat?
   (Would you like a window or aisle?) (아일)

7. Your luggage will go straight through to New York(JFK).
8. How much is the overweight baggage fee?

9. Will you bring an air sickness bag?
10. Please give me a glass of water.

1. 급해요. 좀 빨리 갈 수 있을까요?
2. 내 이름을 웨이팅 리스트에 올려 주실래요?

3. 위탁 수하물(화물칸에 싣는 짐)은 몇 개인가요?
4. 여기에 백을 올려 주실래요?
5. 기내 휴대용 가방은 몇 개인가요?
6. 창가 쪽 또는 복도 쪽 중 어떤 자리를 원하시나요?
7. 짐은 뉴욕(최종 목적지)까지 바로 갑니다.
8. 수하물 무게 초과비용은 얼마인가요?
9. 위생주머니(멀미 봉지) 좀 갖다 주실래요?
10. 물 한잔 주시겠어요?

그림설명 - illustrations

1. 가속페달 밟는 모습(step on the accelerator)
2. 만석이라 대기자 명단에 올림.(seats are full)
3. 위탁수하물을 보내느라 줄 서 있음.(check in baggage)
4. 저울에 가방을 올려놓음.(scale)
5. 기내에 들고 들어갈 가방
6. 창가 쪽 또는 통로 쪽 어느 쪽을 선호하세요?
7. 짐은 뉴욕까지 곧장 갑니다.
8. 사이즈 및 무게 제한(excess baggage fee)

Key words

1. pick up speed 2. waiting list 3. luggage check 4. place up
5. carry on bag 6. window or aisle 7. go straight
8. overweight fee 9. air sickness bag 10. glass of water

31. RENT A CAR

1. RENT

2. RESERVATION NO.

3. KIND OF CAR

4. MID-SIZ CAR

5. INSURANCE

6. FULL COVERAGE

7. GPS

8. DRIVER'S LICENCE

9. FULL TANK

10. ALTOGETHER

31. RENT A CAR (차를 렌트할 때)

1. I'd like rent a car for a week.
2. Here's my reservation number.

3. What kind car would you like?
4. I want a mid-size car.

5. Would you like to purchase insurance?
6. I would like full coverage insurance.

7. Does this car come with GPS?
8. May I see your driver's license, insurance and registration?

9. You must bring it back with a full tank.
10. How much is it altogether?

1. 차를 일주일 렌트하고 싶은데요.
2. 여기 예약번호 있습니다.
3. 어떤 차 원하세요?
4. 미디엄 사이즈 원합니다.
5. 보험을 구입하시겠어요?

6. 풀 커버 원합니다.
7. GPS가 따라오나요?
8. 운전면허증과 보험증과 차 등록증 좀 볼까요?
9. 기름을 가득 채워서 반납해야 합니다.
10. 모두 합쳐 얼마지요?

그림설명 - illustrations

1. 렌터카 회사 간판이 보임.
2. 핸드폰에 예약한 차의 예약번호를 보여줌.
3. 빨간 소형차 상상함.
4. 3종류 차의 그림
5. 손으로 아래위 감싼 것은 보험 의미.
6. 전체를 커버해 줄 큰 우산은 풀 커버 보험 의미
7. GPS (내비게이션) 그림
8. 운전면허증(미국서 경찰에 걸리면 항상 면허증, 보험증, 차 등록증 등 이 세 가지 제시를 꼭 요구한다.)
9. F(FULL) : 기름 만땅
10. 싼 렌트 광고에는 $ 9.00이나 이것저것 모두 해서 $99.00(렌트비, 보험, 세금)

Key words

1. rent 2. reservation 3. kind of car 4. mid-size 5. insurance
6. full cover 7. gps 8. driver's license 9. full tank 10. altogether

32. CAUGHT BY A POLICE MAN
(경찰에게 걸리다)

1. OPEN THE WINDOW

2. SOMETHING WORNG

3. OVER THE SPEED

4. GIVE ME A BREAK

5. DRIVER'S LICENSE

6. ONEWAY STREET

7. SLOW TO

8. TOO FAST

9. POSTED SPEED

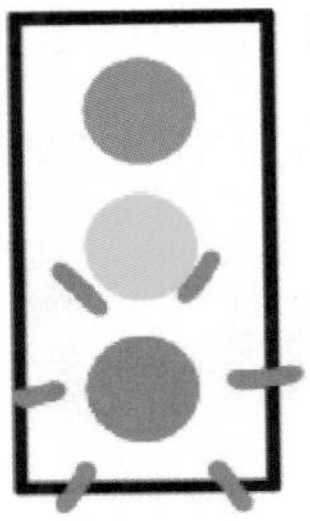

10. RED LIGHTS ARE FLASHING

32. I was caught by a policeman
(경찰에 걸렸을 때)

1. Please open the window. sir
2. Did I do something wrong?

3. You were driving over the speed limit.
4. I'm sorry, but it's an emergency. Please give me a break.

5. Could you show me your driver's license, registration and insurance card.
6. You are driving on a one-way street.

7. Slow to 25 mph and pass cautiously.
8. Don't drive too fast.

9. You should never drive faster than posted speed limit.
10. You must stop as long as the red lights are flashing.

1. 창문을 열으세요.
2. 제가 뭘 잘못했나요?

3. 제한속도를 초과해서 운전했습니다.
4. 죄송합니다. 제가 급한 일이 있어서요. 한 번만 봐주세요.
5. 면허증, 등록증과 보험카드를 보여주세요.
6. 일방통행로를 운전하고 있습니다.
7. 25마일로 속도를 낮추고 조심해서 지나가세요.
8. 너무 빨리 운전하지 마세요.
9. 게시된 제한속도보다 빨리 운전해선 안됩니다.
10. 빨간불이 깜빡이는 동안은 멈춰야 합니다.

그림설명 - illustrations

1. 차 창문이 1/4만 열려 있음.
2. 경찰에게 뭘 잘못했냐고 물어봄.
3. 속도계에 160km/시속 가 보임
4. 여자가 윙크하며 한 번만 봐달라고 함.
5. 라이센스를 보여줌.
6. 일방통행로-ONE WAY(들어가지 말라는 사인을 들고 있음)
7. (꼬불꼬불한 길을) 속도를 낮추라는 사인.
8. 너무 빨리 달려 사람이 매달림.
9. 제한속도 55 Mi/hr.
10. 깜빡이는 빨간불.

Key words

1. window 2. wrong 3. speed limit 4. emergency 5. license
6. one way 7. pass 8. fast 9. posted 10. red light

33. ASKING (질문)

1.HAVE YOU QUESTION

2.QUESTION

3.BEG YOUR PARDON

4. POINT

5.WHOM SHOULD I ASK

6. COULD YOU
TELL ME

7. WHAT'S THE MATTER?

8. KIDDING ME

9. REASON

10. ANSWER

33. Asking (질문)

1. Do you have any question?
2. May I ask a question?

3. I beg your parden. Please say that again.
4. Come to the point please.

5. Whom should I ask?
6. Excuse me, Could you tell me who is on the tank?

7. What's the matter? Tell me.
8. Is that right? You are kidding me.

9. Can you explain the reason why?
10. Please answer what happened in 1988?

1. 질문 있습니까?
2. 하나 물어볼까요?
3. 죄송합니다만(안 들렸어요) 다시 한번 말씀해 주세요.
4. 요점만 말해주세요.
5. 누구에게 물어보죠?

6. 미안합니다만 누가 탱크 위에 있는지 말씀해 주시겠어요?
7. 무슨 일인가요? 말씀해 주세요.
8. 정말입니까? 농담이겠지요.
9. 그 이유를 설명해 보세요.
10. 응답하라 1988년에 무슨 일이 있었는가?

그림설명 - illustrations

1. 여자 선생님이 질문을 받는다.
2. 어린이 한 명이 손을 들고 질문을 하고 있다.
3. 남자가 잘못 들었는지 손을 귀에 대고 묻는다.
4. 요점만 찍어서 말하라는 손가락 표시 그림.
5. 90세 신천지 교주 이만희가 어려운 질문에 대해(90 years old cult leader Lee asks entourage.) '누구에게 물어볼까' 하자 측근 여신도가 귀에 대고 말한다.
6. 전두환이 탱크 위에 앉아 있다.(former dictator president)
7. (그 말을 듣고) 남자가 정색을 하며 무슨 일이냐고 묻는다.
8. (전두환이 쿠데타로 정권을 잡았다는 말에 여자가 환호한다.) '정말이에요? 농담이겠죠'라고 남자가 말한다.
9. 연유는 1979년 박정희가 김재규에게 살해당해 귀신이 되었고, 그리하여 전두환이 정권을 잡았다고 설명한다.(Dictator Park killed and Jeon took power in a coup.)
10. (그 이후)

Key words

1. any question 2. ask 3. beg your pardon 4. point
5. whom should I ask? 6. could you tell me 7. matter
8. kidding me 9. reason 10. answer

34. HAPPINESS

1. NICE MEETING YOU

2. GOOD TIME

3. NEVER BEEN HAPPIER

4. DON'T KNOW WHAT TO SAY

5. COULDN'T STOP LAUGHING

6. SON'S SUCCES

7. GLAD TO HEAR

8. DREAM COME TRUE

9. MONEY CANNOT BUY HAPPINESS

10. IT'S MY PLEASURE

34. HAPPINESS (기쁨)

1. It was nice meeting you.
2. I had a very good time at the party.

3. I've never been happier in my life.
4. I'm so happy, I don't know what to say.

5. It's so funny that I couldn't stop laughing.
6. I'm very pleased with my son's success.

7. I'm glad to hear that.
8. Dream comes true.

9. Money cannot buy happiness.
10. Other people's misfortune is my happiness.

1. 만나서 즐거웠습니다.(콜라텍에서 노인들이 댄스함)
2. 파티에서 정말 즐거웠습니다.
3. 내 생애에 이보다 더 기쁜 적은 없었습니다.
4. 너무 기뻐서 무어라 할 말이 안 나와요.
5. 너무 재미있어서 웃음이 멈추지 않네요.
6. 제 아들이 성공해서 너무 기뻐요.(entrance university)

7. 그 소식을 들으니 기쁘네요.
8. 꿈이 이루어진다.(2002 world cup 4th place)
9. 행복은 돈으로 살 수 없습니다.(Lottery co-winning)
10. 남의 불행은 나의 행복

그림설명 - illustrstion

1. 콜라텍(cola tec; senior dance club)
2. 생일파티 장면(birthday party)
3. 39세에 첫아이 낳고 한 말.(1st baby at 39 years)
4 Miss Korea에 당선된 후 너무 기뻐할 말을 잃는다.
5. 너무 웃겨 바닥에 구르다.
6. 아들의 서울대 합격 소식을 듣고 기뻐하다.(entrance)
7. 봉준호의 엄마가 봉준호의 아카데미 수상 소식을 듣고 기뻐하며 한 말.
(Son's Academy award winning)
8. 2002년 월드컵 4위를 달성한 히딩크와 박지성.
9. 로또에 공동 당선되었으나 결국 폭력으로 끝나다.
10. 남의 불행을 보고 즐거움에 심장박동이 올라감.

Key words

1. nice meeting 2. good time 3. never been happier
4. don't know what to say 5. laughing 6. pleased 7. glad
8. dream come true 9. money 10. my happiness

35. PRAISE

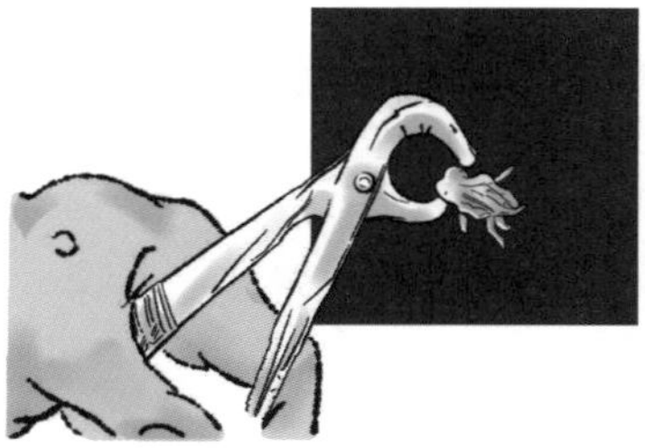

1. Good jobs

2. Nice of you

3. Proud

4. Look young

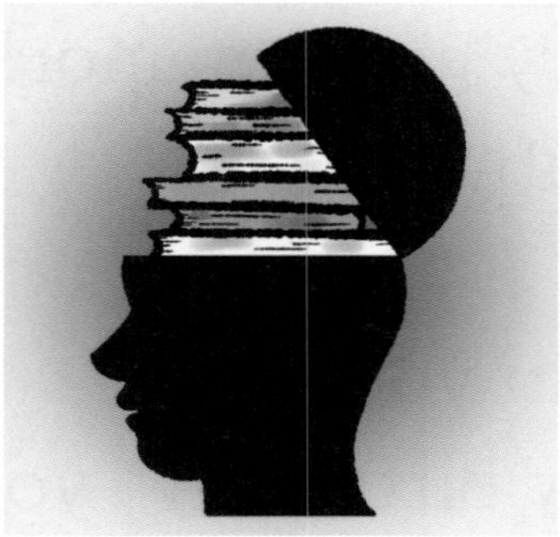

5. Good memory

6. Cute

7. Nice shirts

8. Early bird

9. Walking dictionary

10. Wish

35. PRAISE (칭찬)

1. You did a good job.
2. That's very nice of you to say so.

3. I'm very proud of you.
4. You look young for your age.

5. You have a very good memory.
6. What a cute baby.

7. You look nice in your shirt.
8. You're an early bird aren't you.

9. You must be a walking encyclopedia.
10. I wish I were in your shoes.

1. 잘했어요.(pull out the wisdom tooth successfully)
2. 고맙군요.(친절하시군요) 그렇게 말씀하시다니.
3. 당신이 자랑스럽습니다.
4. 당신의 나이에 비해 젊어 보이시네요.
5. 기억력이 좋으시네요.
6. 참 귀여운 아기네요.

7. 셔츠가 잘 어울리네요.
8. 당신은 부지런하시네요, 안 그래요?
9. 당신은 걸어 다니는 백과사전이시네요.(모르는 게 없으시네요)
10. 당신의 입장이었으면 좋겠어요.(부러워요)

그림설명 - illustrations

1. 매우 어려운 사랑니 뽑기를 성공적으로 해내다.
2. 학생: 할머니 제 손을 잡으세요.(착하고도 좋은 사람이구려)
3. 한글을 창제해 내신 자랑스러운 우리의 세종대왕.(King Sejong created Hangeul, Korean alphabet.)
4. 60대의 젊어 보이는 비키니 모델.
5. 두뇌 속에 엄청난 양의 책들이 (지식-기억)이 들어있다.
6. 엄청 귀여운 고양이
7. 셔츠의 위 단추를 풀고 핸섬하게 입은 모습.
8. 일찍 일어나는 새가 벌레를 잡는다.
9. 걸어 다니는 백과사전 그림.
10. 은메달을 딴 마사오가 금메달을 딴 김연아가 눈물을 흘리는 것을 부러운 눈으로 쳐다보고 있다.(siver medalist Aasada Mao envies gold medalist Yuna Kim)

Key words

1. good job 2. nice of you 3. proud 4. look young 5. good memory
6. cute 7. look nice 8. early bird 9. dictionary 10. wish i were

36. MAKING SUGGESTION

1. SHOW AROUND

2. PHONE NO.

3. TAKE TO DINNER

4. SUIT YOURSELF

5. JOIN US

6. AFTER YOU

7. YOURSELF AT HOME

8. WHENEVER YOU NEED

9. I'LL TAKE CARE

10. COFFEE TALK

36. MAKING SUGGESTION (제안)

1. Do you want me to show around here?
2. Can you give me your phone number?

3. May I take you to dinner tonight?
4. Suit your self.(It's up to you.)

5. Do you want join us?
6. After you please.

7. Make yourself at home.
8. Ask me whenever you need my help.

9. Just take it easy, I'll take care of it.
10. Let's talk over the coffee.

1. 제가 (이 근처를) 안내해 드릴까요?
2. 전화번호를 주실 수 있을까요?
3. 오늘 저녁에 식사나 같이 할까 하는데요.
4. 좋으실 대로 하세요.(당신에게 달렸습니다)
5. 우리와 함께 동참하시겠어요?(No pants day)
6. 먼저 하세요.

7. 마음 편히 쉬세요.(집에 온 듯이)

8. 도움이 필요하면 아무 때나 말씀하세요.

9. 걱정 마요, 내가 처리할게요.

10. 커피나 한잔하면서 얘기합시다.

그림설명 - illustrations

1. 여자가 주변을 구경시켜 주겠다고 함. (famous places in Seoul)
2. 남자가 여자에게 전화번호를 달라고 함.
3. 식당에서 저녁식사를 하는 남녀의 모습
4. 남자가 식사를 같이하자고 말하자 여자가 부끄러워하며 “당신 좋으실 대로 하세요”라고 말한다. 또는 help yourself as you wish라고도 함. (Shy girl answers.)
5. 하의 실종 행사에 동참할래요?(“No pants day” in New York City subway : 지하철에서 팬티 바람, 구두, 반부츠 차림으로 출근함.)
6. 여자가 다이빙함.(좌측 절벽 위에 남녀 2명-서서 대기 중) 여자가 남자를 밀면서 “당신 먼저 하세요”라고 말함.
7. 남의 집에 놀러 왔지만 ‘어려워하지 말고 자기 집에 온 듯이 편히 있으세요’라고 말함.
8. 남자는 태권도 블랙벨트. ‘언제라도 필요하면 부르라’고 말함
9. 강아지와 고양이 친구 둘이 있는데 (덩치 큰 웬 놈이 나타난듯함). 고양이가 나서려 하자 강아지가 제지하며 ‘걱정 마 내가 처리할게’라고 함.
10. 커피숍에 앉아있는 여자.(coffee talk라는 사인이 보임.)

Key words

1. show around 2. phone No. 3. take to dinner
4. suit yourself 5. join us 6. After you 7. make yourself at home
8. whenever need help 9. I’ll take care 10. talk over the coffee.

37. DATE

1. CUP OF COFFEE

2. ARE YOU FREE

3. GO OUT WITH ME

4. ASKING ME OUT?

5. SEEING SOMEONE

6. MOST BEAUTIFUL WOMAN

7. FEELING

8. NOTHING BUT MONEY

9. IDEAL TYPE

10. GREAT TIME

37. DATE (데이트)

1. Would you like to have a cup of coffee with me tonight?
2. Are you doing anything special tonight?

3. Do you want to go out with me tonight?
4. Are you asking me out?

5. I'm seeing someone.
6. You are the most beautiful woman in the world.

7. I have feelings for you.
8. I'm a man with nothing but money.

9. you are my ideal type.
10. Thanks so much for tonight. I had a great time.

1. 오늘 밤 저와 커피 한잔하실래요?
2. 오늘 밤 특별한 일 있으세요?
3. 오늘 밤 나랑 데이트할래요?
4. 지금 데이트 신청하는 거예요?

5. 저 썸 타는 (만나는) 사람 있어요.
6. 당신은 세상에서 제일 아름다운 여자이군요.
7. 나 당신에게 호감을 가지고 있어요.
8. 나는 가진 게 돈밖에 없는 남자예요.
9. 당신은 나의 이상형이에요.
10. 오늘 저녁은 정말 고마웠어요. 즐거웠어요.

그림설명 - illustrations

1. 남녀가 커피 마시며 토킹 하는 모습.
2. 직장에서 동료 여직원에게 추근거림.
3. 팔짱 끼고 데이트하는 모습.
4. 데이트 신청하시는 거예요?(꿀 떨어지는 여자의 눈빛 - facial expression of a woman dripping honey)
5. 스커트를 올려 만나는 남자 이름을 새긴 타투를 보여준다.
6. (최고의 미인-Korean actress) 김태희 illust
7. "너에게 호감을 갖고 있어"라고 말하자 여자가 어쩔 줄 몰라한다. (She doesn't know what to do.)
8. 돈 많고 속물적인 남자.(materialistic man-가장 강력한 멘트를 날린다. Blow a most powerfull message)
9. 티아라의 개성적인 지연(a member of girl group, Tiara)
10. 헤어지며 "멋진 밤이었어요"라고 말하며 볼 키스를 한다.

Key words

1. a cup of coffee 2. anything special 3. go out with me
4. ask me out 5. seeing someone 6. beautiful woman
7. feelings for you 8. nothing but 9. ideal type 10. great time

38. INQUIRY (심문)

1. LISTEN

2. LET ME TELL YOU

3. POINT BLANK QUESTION

4. EVER SEEN

5. SLIGHTEST IDEA

6. EXPECT HER BACK

7. WOULD YOU MIND

8. WHAT'S WRONG

9. THAT'S ALL ABOUT

10. SWEAR

38. Inquiry (심문)

1. Please listen to me.
2. Let me tell you something.

3. Would you mind if I ask you some point-blank question?
4. Have you ever seen this girl before?

5. I don't have the slightest idea.
6. When do you expect her back?

7. Would you mind if I smoke?
8. What's wrong with it?

9. That's all about the accident.
10. Do you swear in the name of God?

1. 제 말 좀 들어보세요.
2. 한마디 하지.("죽어줘")
3. 단도직입적으로 질문 좀 드려도 되겠습니까?(복장 불량)
4. 혹시 이 여자를 전에 본 적이 있나요?(윤락가인 듯)
5. 전혀 모릅니다.

6. 언제쯤 그녀가 돌아올 것 같습니까?
7. 담배 좀 피워도 될까요?
8. 그게 뭐가 잘못이지요?
9. 그게 사건에 대한 전말입니다.
10. 신의 이름으로 맹세합니까?

그림설명 - illustration

1. "제 말 좀 들어보세요"라고 간청하자 귀에 손을 대고 들음.
2. '죽어줘'라고 말한다- go to hell.
3. "꼰대"가 단도직입적으로 말한다.(for the costume)
   *꼰대 : an old person who believes he is always right, condescending or square or patronizing.(original meaning of this Korean word is the long handle of manure pouring can)
4. 윤락가(brothel)를 찾아와 가출(run away) 한 딸을 찾음.
5. 전혀 아는 바가 없다는 여자의 표정.
6. 밤에 귀가하는 여자의 모습.(homecoming woman)
7. (진실을 토로하기 전에) 담배를 한 대 피우고자 함.(before confess)
8. 그게 뭐가 잘못된 건가요? 하는 제스처.
9. 장애자인 그녀가 사망한 사건의 전말(간호사가 절벽에서 떨어뜨림.)

Key words

1. listen 2. let me tell you 3. point blank question
4. ever seen 5. slightest idea 6. expect her back
7. would you mind 8. what's wrong 9. that's all about 10. swear

39. CONTRACT (살인청부)

1. Who told you

2. What do you want me

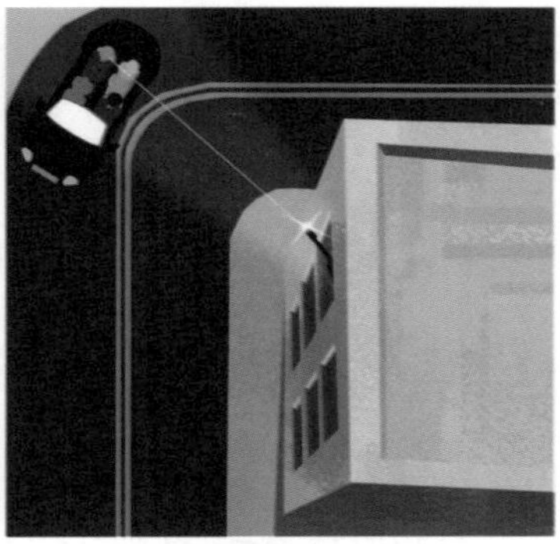

3. When do I

4. Can you do on time?

5. Where will be executed

6. Make sense

7. Pick up

8. Come up with idea

9. Which side?

10. Happy with the work

39. CONTRACT (살인청부)

1. Who told you about that?
2. What do you want me to do?

3. When do you want it done.
4. Can you make it on time?

5. Where will the snipe be executed?
6. Does it make sense?

7. Do you want me pick you up?
8. Can you come up with an idea?

9. Which side are you on?
10. Are you happy with your work?

1. 누가 그것(암살)에 대해 얘기해 주었습니까?
2. 내게 뭘 해주길 원합니까?
3. 언제 (실행) 해줄까요?
4. 당신, 그걸 제시간에 할 수 있겠습니까?
5. 어디에서 저격이 실행되나요?
6. 말이 되는 일인가?

7. 내가 당신을 태우러 가길 원하나요?
8. 아이디어를 제시해 주시겠소?
9. 당신은 어느 쪽이요? (우군, 적군)
10. 당신 직업에 만족합니까?

그림설명 - illustrations

1. 여자가 Boss, 말론 브란도의 귀에 대고 속삭이다.(케네디 암살 정보-Kennedy assassination info.)
2. 케네디가 피격 직전 오픈카를 타고 가는 중에 저격. (snipe)
3. 코너를 돌며 속도를 낮출 때.(저격 타임)
4. 기차가 다리의 중간을 통과하는 시점에 다리가 폭파되어 아래로 추락함.
5. 창문에서 저격수가 실행을 대기 중
6. (저격 후 4층에서 뛰어내림.) 상식적으로 가능한가?
7. (실행 후) 차로 태우러 가서 올라타는 모습.
8. Vietnamese woman killer put poison on Kim Jung Nam(brother of Kim Jung Eun)'s face. 얼굴에 독을 발라 죽이다.(Kuala Lumpur airport in Malasia.)
9. 적과 아군
10. 살인청부 일에 만족하는 남자와 소녀.

Key words

1. who told 2. what do you want 3. when do you want
4. make on time 5. where execute 6. idea 7. pick up
8. make sense 9. whitch side 10. happy

40. HAMLET (햄릿)

1. GHOST

2. SPIRIT OF FATHER

3. TO BE OR NOT TO BE

4. ACTORS

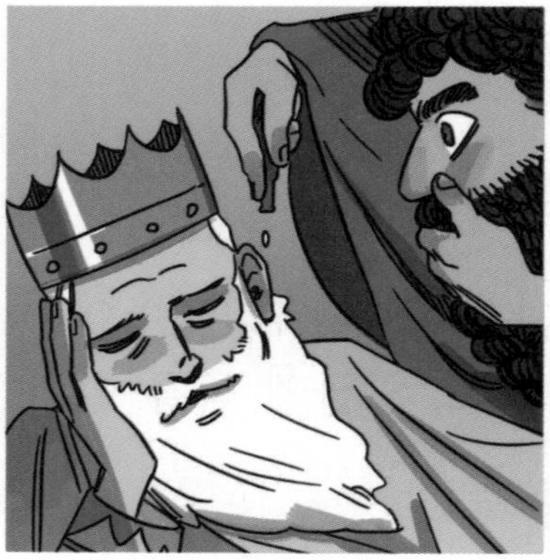

5. ASSASSIN

6. MURDER

7. POLONIUS

8. FRAILTY

9. SEND TO ENGLAND

40. HAMLET (햄릿)

10. O'FILIER

11. LAIRTEZ

12. CALM

13. FENCING GAME

14. LAIRTEZ WAS KILLED BY HAMLET

15. HAMLET KILLED KING

16. HAMLET POISONED DIE

17. CURSE

40. HAMLET (햄릿)

1. The prince of Denmark, Hamlet stands guard at the watchtower and meets the ghost of the late King.
2. The spirit tells Hamlet that he wants revenge by telling him that his brother, Claudius, poisoned himself and became king, and that he had taken over Hamlet's mother, Gertrude.

3. To be or not to be, that is the question.
4. Hamlet uses a theater group actors who have visited the castle for a performance to devise a scheme to test whether the ghost's words are true.

5. Hamlet's planned play begins and the king stops the play with discomfort. Hamlet is thus convinced of the assassination of Claudius.
6. Murder, the sin, even if you don't have a tongue, open your own mouth.

7. Surprised by Hamlet's strong attitude, the

queen makes a fuss, and the king's entourage Polonius also causes a fuss and is killed by Hamlet's sword. Hamlet thought the king was eavesdropping from behind the curtain.

8. Frailty, the name is woman.

9. The king immediately sends Hamlet to England.

10. With the sadness of losing her father Polonius daughter, O'Filier, becomes crazy and dies in the water.

11. Meanwhile, Lairtez, who returned from France, armed and break into the castle regarding the king as the enemy of father.

12. The king calms Lairtez and explained what happened.

13. The king has a fencing game with Lairtez and Hamlet and poisons Lairtez's sword.

14. During the match, Hamlet struggles with Lairtez, and each other's swords change, and both Lairtez and Hamlet are deeply injured by a poisoned sword.

15. The dying Lairtezs learns about all the king's tactics and tells to Hamlet, and Hamlet eventually stabs the king.

16. Hamlet cut from a poisoned sword also dies.
17. "If you are willing to marry, I will send my curse as a coma."

1. 햄릿은 망루에서 보초를 서다 선왕의 유령을 만난다.
2. 선왕의 혼령은 동생 클로어디스가 자신을 독살하고 왕이 되었으며 햄릿의 어머니, 거트루드를 차지했다는 사실을 햄릿에게 전하며 복수를 해 달라고 말한다.
3. "죽느냐, 사느냐, 그것이 문제로다".(이대로 살 것인가, 아니면 죽을 것인가?)
4. 햄릿은 마침 공연을 위해 성에 방문한 연극단 배우들을 이용해 유령의 말이 진실인지 시험할 계략을 꾸민다.
5. 햄릿의 계략으로 (선왕의 귀에 독을 넣어 살해하는 장면이 포함된) 연극이 시작되고 왕은 불쾌감으로 연극을 중지시킨다. 이것으로 햄릿은 숙부 클로어디스의 선친 독살을 확신한다.
6. 살인, 그 죄는 설령 혀가 없다 해도 스스로 입을 연다.(화성 연쇄살인범 이춘재가 교도소 수감 중 스스로 범행을 자랑하다 체포됨. 봉준호 감독이 '살인의 추억'이란 영화로 제작함.-a famous Korean serial killer has been arrested in prison while bragging about his crimes to his colleagues.)
7. 햄릿의 강경한 태도에 놀란 왕비는 소란을 피우고 이에 동요한 왕의 측근 폴로니어스도 숨어있다가 소동을 일으켜 햄릿의 칼에 찔려 죽는다.(커튼 뒤에서 엿듣고 있는 왕으로 오인되어)
8. "약한 자여 그대의 이름은 여자로다."(햄릿이 어머니를 보고 독백함.) (걸그룹 '시크릿'의 선화. drew Sunhwa of a famous Korean girl group 'Secret' as an illustration.)
9. 왕은 즉시 햄릿을 영국으로 보낸다.

10. 부친, 폴로니어스를 잃은 슬픔으로 딸, 오필리어는 실성하여 물에 빠져 죽는다.

11. 한편, 프랑스에서 돌아온 레어티즈는 왕을 아버지, 폴로니어스의 원수로 여겨 무장을 하고 성에 난입한다.

12. 왕은 레어티즈를 진정시키고 오해를 푼다.(햄릿의 소행이라고.)

13. 왕은 레어티즈와 햄릿에게 펜싱 시합을 하게 하며 레어티즈의 검에 독을 발라놓는다.(시합 중에 햄릿을 죽이도록)

14. 시합 중 햄릿은 레어티즈와 몸싸움을 하다가 서로의 검이 바뀌게 되고, 레어티즈와 햄릿 둘 다 독이 묻은 검에 깊은 부상을 입게 된다.

15. 죽어가는 레어티즈는 왕의 모든 계략을 알게 되고 햄릿에게 사실을 털어놓는다. 햄릿은 결국 왕을 찌른다.

16. 독이 묻은 칼에 베인 햄릿 역시 죽음을 맞는다.

17. "그대가 굳이 결혼한다면 영원히 잠드는 저주를 보낼 것이다."(전에 햄릿이 어머니가 숙부와 결혼한 일에 대해 고뇌하며 독백한 말. 왕비, 거트루드도 독이든 포도주를 마시고 죽는다.)

Key words

1. ghost 2. spirit of father 3. to be or not to 4. actors
5. assassin 6. murder 7. Polonius 8. frailty 9. send to England
10. O'filier 11. Lairtez break into 12. calm 13. fencing
14. Lairtez killed 15. kill king 16. Hamlet die 17. curse

41. TARZAN AND JANE (타잔과 제인)

1. good time

2. jump

3. crocodile

4. help

5. vine rope

6. hand

7. grab

8. scream

9. get rid of

10. rescue

41. TARZAN and JANE (타잔과 제인)

1. Tarzan and Jane had a good time in the jungle.
2. Jane jumped into the river to swim.

3. That time a crocodile approached to her.
4. Surprized Jane called Tarzan, “help me, help me”

5. Tarzan urgently came to her on a vine rope.
6. Tarzan shouted to Jane to take his hand.

7. Unfortunately Jane’s hand was out of reach. So Jane grabbed Tarzan’s there.
8. Tarzan screamed of pain, “Ah- Ah-Ah”.

9. Then a elephant ran into the water to get rid of crocodile.
10. Jane was rescued safely and the peace return to the jungle.

1. 타잔과 제인은 정글에서 즐거운 한때를 보내고 있었다.
2. 제인은 수영을 하러 물에 뛰어들었다.

3. 그때 악어가 제인에게 접근하였다.
4. 놀란 제인은 "살려줘요" 하고 타잔을 불렀다.
5. 타잔이 급히 넝쿨 밧줄을 타고 제인에게로 달려왔다.
6. 타잔은 제인에게 자기 손을 잡으라고 소리쳤다.
7. 그러나 불행히도 제인의 손이 닿지 않았다. 그래서 제인은 타잔의 거기를 움켜쥐었다.
8. 타잔은 아~아~아~라고 고통의 비명을 질렀다.
9. 그러자 코끼리가 달려와 물에 뛰어들어 악어를 몰아냈다.
10. 제인은 무사히 구출되었고 정글엔 다시 평화가 돌아왔습니다.

Key words

1. good time 2. jump 3. crocodile 4. help 5. vine rope 6. hand 7. out of reach 8. scream 9. get rid of 10. rescue

자, 그럼 이제부터 삽화를 보지 마시고 1번부터 10번까지 그림과 키워드를 연상하시고, 그로부터 각 문장을 떠올려서 전체를 외워보시기 바랍니다. 일주일 후, 한 달 후 다시 그림과 문장을 떠올려 기억을 다지시기 바랍니다.

* 타잔과 제인(Tarzan and Jane)은 유튜브(YOU TUBE)에도 올려놓았습니다.

** 발음에 대하여 **

발음 공부할 때는 발음기호로 단어의 정확한 발음을 확인한 후 단어 옆에 한글로 발음을 적어 놓으시길 권합니다. 한글은 8000여 개(알파벳은 600개여 개)의 소리를 표시할 수 있는 우수한 발음기호인데 이를 사용하지 않는 것은 어리석은 일입니다.

발음기호로 영어 발음을 기억할 수 있는 사람은 거의 없습니다. 한국 영어교육의 어리석음 중 하나이지요. 영어 발음에는 연습하다 보면 일부 예외를 제외하고 일정 규칙이 있음을 알게 됩니다. 강세가 있는 'a'와 'e'는 "애"와 "에"가 되며 강세가 없으면 대개 '어'로 발음됩니다. 'i'는 어로 발음하는 경우가 많습니다.

예) california는 예상과 다르게 '캘리포니아'가 아니라 '캘러포'-니어'로 발음합니다. 혀 꼬부러진 소리처럼 들리지만 사실은 규칙대로 소리 낼뿐입니다.

42. GOD FATHER 2. (대부 2.)

1. WHAT DO YOU WANT

2. LET YOU GO

3. TAKE CHILDREN

4. DON'T YOU KNOW ME

5. NEVER HAPPEN

6. POWER

7. LOSING BABY

8. GLAD

9. MAKE IT UP

10. ANOTHER CHILD

42. GOD FATHER 2. (대부 2.)

Michael

1. What do you want from me?
2. Do you expect me to let you go?

3. Do you expect me to let you take my children from me?
4. Don't you know me? Don't you know that's an impossibility?

5. That that could never happen?
6. I'd use all my power to keep something like that from happening?

7. I know you blame me for losing the baby.
8. You'll be glad I stopped you now. I know that.

9. I swear I'll make it up to you.
10. And you'll forget about this miscarriage. And we'll have another child.

1. 나에게 뭘 원해?
2. 내가 당신을 보내 줄 걸 기대해?

3. 애들을 내게서 데리고 가게 해 줄 것 같아?
4. 나를 몰라? 그것은 불가능이라는 것을?
5. 그런 일은 절대 일어날 수 없어.
6. 그런 일이 일어나지 않도록 나의 모든 파워를 사용할 거야.
7. 난 당신이 애를 낙태한 것에 대해 날 비난하는 것을 알고 있어요.
8. 내가 지금 당신을 제지한 걸 기뻐하게 될 거야. 난 알아.
9. 맹세컨대 난 당신에게 보상을 해 줄 거야.
10. 그리고 당신은 이 유산에 대해 잊게 될 거야.(잊어야 해) 그리고 우리는 다른 아이를 가지는 거야.

그림설명 - illustration

1. 마이클이 한 손으로 여자의 목을 누르고 오른손으로 폭행함.(threaten)
2. 새장의 새를 놓아준다.
3. 애 엄마가 두 아이를 감싸고 있다.
4. 부하들이 90도로 절을 하고 있고 보스는 엄지로 자기를 가리킨다. "나 몰라?"라고
5. 코끼리가 날개가 달려서 날아가고 있다.(있을 수 없는 일.)
6. 마피아가 권총으로 위협하고 있는 장면(mafia threatening)
7. 애를 지우다.(낙태--abortion)
8. 경찰이 옥상에서 뛰어내리려는 소녀를 제지하다.(jump off)
9. 보상으로 다이어 목걸이를 줄 거야.
10. 태어날 다른 여자아이.

Key words

1. want 2. let you go 3.take from me 4. don't you know me
5. never happen 6.keep from 7. losing the baby 8. glad
9. make it up 10. another child

43. ANSWER (대답하기)

1. PINPOINT

2. EITHER WILL DO

3. FOR NOTHING

4. KEEP IT

5. FOR YOUR CONVENIENCE

6. HONOR

7. TELL AS IT IS

8. LET ME BE ALONE

9. LOVE TO GO HOME

10. CALL IT A DAY

43. Answer (대답)

1. I can't pinpoint it.
2. Either will do.

3. I'll give it to you for not thing.
4. You can keep it.

5. Make it at your convenience.(Make it yourself at home)
6. It's my honor being with you.

7. It's important to tell as it is.
8. Please let me be alone.

9. I'd love to go home now.
10. Let's call it a day.

1. 꼭 집어서(꼬집어) 말할 수 없군요.
2. 어느 쪽이건 좋아요.(ok)
3. 공짜로 드릴게요.
4. 그냥 가져도 돼요.(공짜로, 추가 지불 없이)
5. 편하신 대로 하세요.(집에 온 것처럼 마음 편하게 있으세요.)

6. (당신과 함께하여) 영광입니다.
7. 있는 그대로 말해주는 게 중요합니다.
8. 제발 날 혼자 있게 해 주세요.
9. 집에 몹시 가고 싶어요.
10. 오늘은 이만 끝냅시다.

그림설명 - illustration

1. 손가락으로 이마를 콕 짚어 지적한다.
2. 양쪽 여자(가운데는 유해진, 우측은 김혜수, 좌측은 지연) 다 좋은데.
3. 공짜라면 양잿물도 먹는다.(락스 - clorox, poison)
4. 개를 가져도 된다는 말에 기뻐하는 남자.
5. 집에 온 듯이 편하게 있으세요.
6. 여왕 폐하를 알현하게 되어 영광입니다.
7. 실신한 여자가 탄 차를 절벽에서 밀어 떨어뜨린다.(진실)
8. 여자가 남자친구를 귀찮게 한다.
9. 징집된 소년병이 집에 가고 싶어 한다.(child sodier)
10. 컴퓨터를 접고 퇴근하는 모습.

Key Words

1. pinpoint 2. either will do 3. for not thing 4. keep it
5. make it convenience 6. honor 7. as it is 8. let me be alone
9. love to go home 10. call it a day

44. ADVICE (충고하다)

1. IN ANY CASE

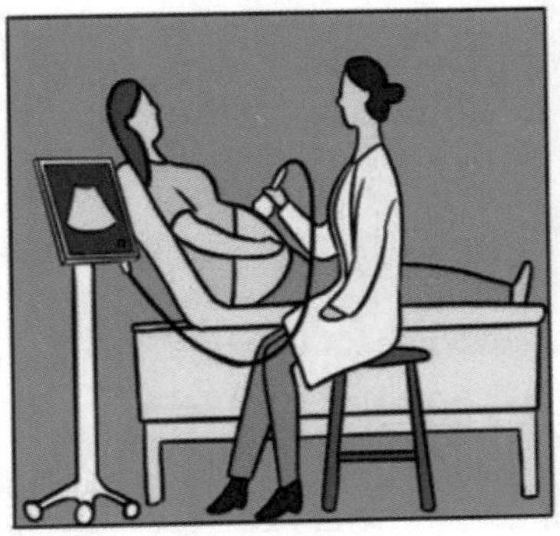

2. COME AGAIN

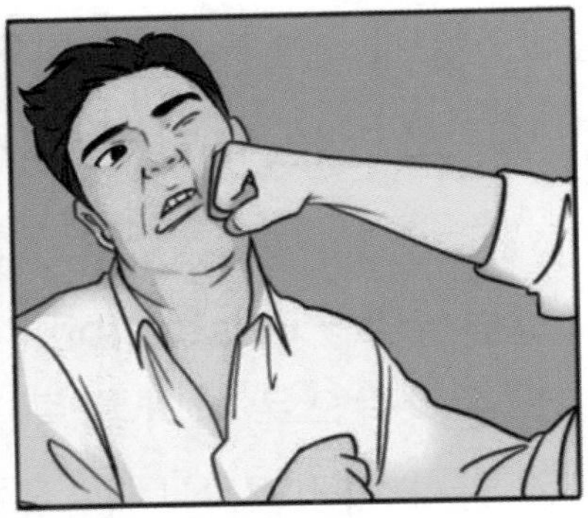

3. INSULT

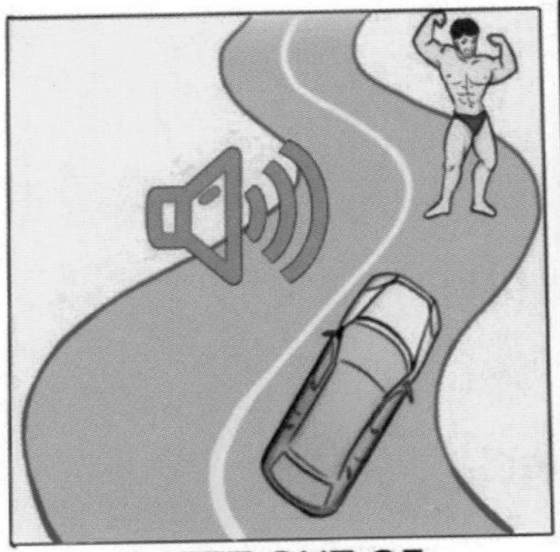

4. GET OUT OF

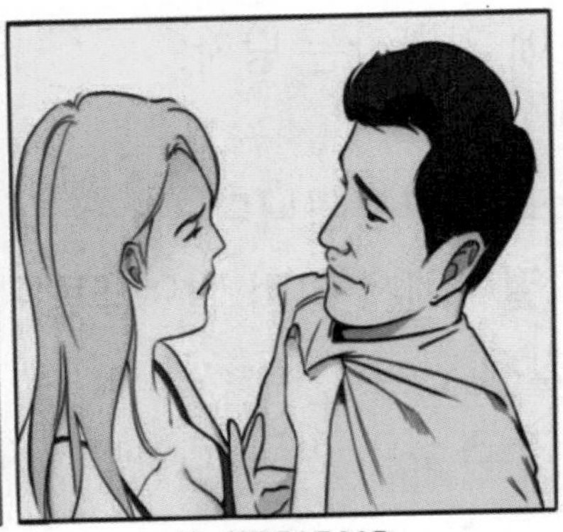

5. SERIOUS

6. BOTHER

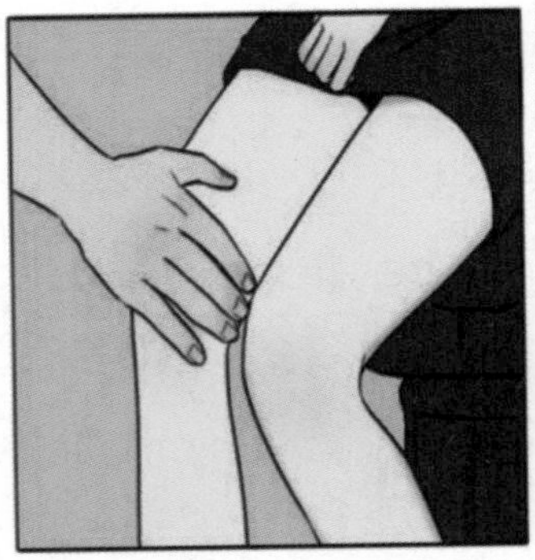

7. CROSS THE LINE

8. STAY OUT

9. GOOD MEDICINE

10. SLEEPING LION

44. Advice (충고)

Dr. : 1. In any case, be sure to let me know.
2. You can come again in 6 months.

Bully : 3. Get out of my way (fucker).(Clean my way)
4. Wounds forgotten much faster than insult.

5. Don't take it serious.
6. Please don't bother of it.

7. I think you crossed the line.(Don't go too far)
8. Stay out of it.

9. Good medicines tastes bitter.
10. Let sleeping lions lie.

1. 무슨 일이 생기면 내게 알리는 것을 잊지 마세요.
2. 6개월 후에 오세요.
3. 비켜, XX야.(bully : 양아치, 괴롭히는 자, 불량배)
4. 상처는 모욕보다 빨리 잊힌다.

5. 진지하게 받아들이지 마세요.
6. 개의치 마세요.(신경 쓰지 마세요)
7. 넌 오버했어.(선을 넘었어)
8. 끼어들지 마라.
9. 몸에 좋은 약은 입에 쓰다.
10. 긁어 부스럼 만들지 마세요.(잠자는 사자의 코털을 건드리지 마라.)

그림설명 - illustration

1. 성형 부작용이 생겼음.(side effect of plastic surgery)
2. 6개월 후에 검진받으러 오세요.(pregnant)
3. 도로 한가운데 남자가 길을 막고 육체미 자랑 중.
4. 남자가 폭행을 당해 코와 입술에서 피가 남.(상처는 곧 잊히나 모욕은 오래감)
5. 여자가 화를 심하게 내자 남자가 하는 말.(별거 아니야 - 변명)
6. New york's ' No pants day'의 지하철 내 모습.(삼각팬티 차림, 웃자고 하는 짓)
7. 넌 선을 넘었어.(어딜 만져)
8. 어른들 장기(chess) 두는데 꼬마가 훈수 둠.(child interferes)
9. 할머니가 쓴 한약 그릇과 막대사탕을 들고 있음.(bitter tradtional medicine & candy stick)
10. 잠자는 사자(개)를 건드리지 마라.(코털을 건드리지 마라)

Key Words

1. in any case 2. come again 3. insult 4. get out of 5. serious
6. bother 7. cross the line 8. stay out 9. good medicine
10. sleeping lions

45. TAKE A TRIP 1. (여행 1.)

1. By way of

2. notorious

3. I'll be back

4. I'll be there

5. What brings you

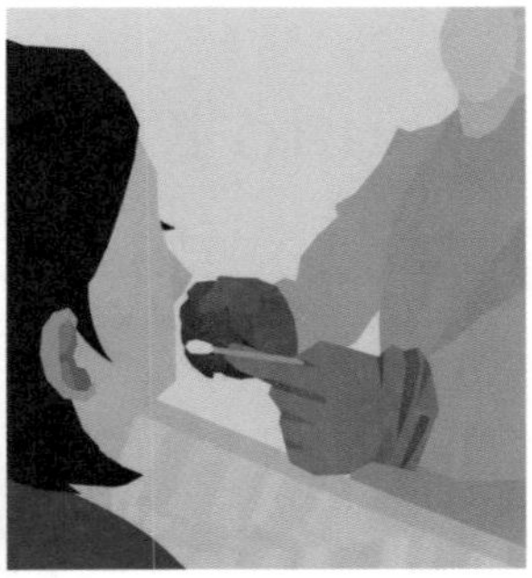

6. How to prevent corona

7. Meeting you in the airport

8. I drive to hotel

9. Suggest interesting place

10. You are leaving

45. Take a trip 1. (여행 1.)

1. We went to New York by way of London.
2. London is notorious for it's fog and rain.

3. I'll be back to Korea on Monday
4. I'll be there right with you.

5. What brings you to Korea?
6. I'm coming to learn how to prevent corona virus in Korea.

7. Is someone meeting you in the airport?
8. I can drive you to hotel.

9. Could you suggest some interesting places in Korea?
10. I heard you are leaving tomorrow.

1. 우리는 런던을 경유해서 뉴욕으로 갔어요.
2. 런던은 안개와 비로 악명이 높아요.
3. 난 월요일에 한국으로 돌아와요.
4. 당신에게 곧 가요.

5. 무슨 일로 한국에 오나요?
6. 한국에선 어떻게 코로나 바이러스를 예방하는지 배우려고요.
7. 공항에 누가 마중을 나오나요?
8. 제가 차로 호텔로 모시겠습니다.
9. 한국의 흥미 있는 장소를 좀 추천해 주시겠어요?
10. 당신이 내일 떠난다고 들었어요.

그림설명 - illustration

1. 런던 상공(London bridge)을 지나 뉴욕으로 가는 비행기.
2. 안개 낀 테임즈강.(misty river thames)
3. 한국의 남대문 쪽으로 나르는 비행기
4. 애인을 만나 포옹하는 장면
5. 한국의 사극에 반해서.(Korean historical drama)
6. 한국에서 처음 고안한 walk through covid19 test booth.(검사원이 부스 안에서 구멍으로 손만 내밀어 검사함.)
7. 공항에 마중을 나온 어린 딸의 창의적인 아이디어.
8. 공항에서 차로 모셔가는 장면.
9. 한국의 명소 제주도(Jeju island) 천제연 폭포.
10. 공항에서 떠나는 애인과 작별하는 장면

Key Words

1. by way of 2. notorious 3. I'll be back 4. i'll be there
5. What brings you 6. how to prevent corona
7. meeting in the airport 8. I can drive you
9. suggest 10. leaving

46. TRAVEL 2. (여행 2.)

1.SEE THE ROOM

2.PORTER

3.GOT RIPPED OFF

4.FAMOUS IN BANKOK

5.TYPICAL THAI FOOD

6.REFUND ON

7.MISTAKE IN THE BILL

8.RECOMMEND SHOW

9.PREFER TO SEE

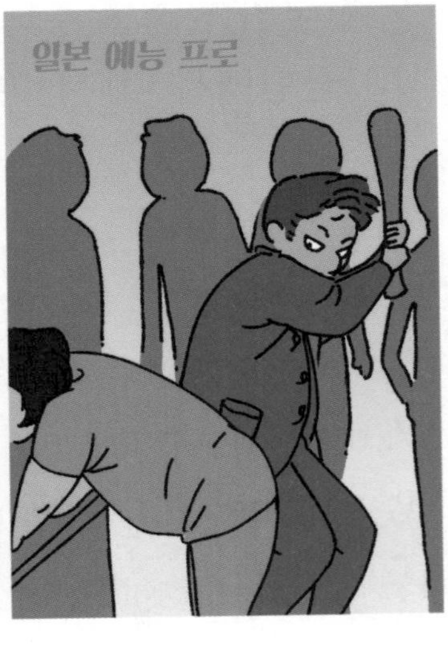

10.JUNK

46. TAKE A TRIP 2. (여행 2.)

1. May I see the room first before check in?
2. Pleaze have porter carry my luggage up to my room.

3. I guess I really got ripped off.
4. What is Bankok famous for?

5. What's the typical Thai food?
6. Refund on this please

7. I think you made a mistake in this bill.
8. Could you recommend good show for this evening?

9. Which show would you prefer to see?
10. What a junk it is!

1. 체크인 전에 방을 먼저 볼 수 있을까요?
2. 짐꾼을 시켜 제 짐을 방으로 옮겨주세요.
3. 진짜로 바가지 쓴 것 같네요.
4. 방콕은 무엇으로 유명한가요?(floating market)

5. 방콕의 전통음식은 무엇이 있나요?
6. 이것을 환불해 주시겠어요?
7. 계산을 잘못해 준 것 같네요.
8. 오늘 저녁에 볼 좋은 쇼를 추천해 주시겠어요?(can can show - at Moulin rouse cabaret, France)
9. 어떤 쇼를 선호하세요?(levitation magic show - 공중부양 쇼)
10. 이것은 정말 쓰레기네요.

그림설명 - illustration

1. 미리 살펴본 호텔 룸 내부 모습.
2. 호텔에서 포터가 짐을 수레에 실어 운반하는 모습.
3. 호텔 방값에 각종 명목이 붙어 엄청나게 많이 나왔음.
4. 방콕의 명물 수상 마켓.(floating market)
5. 방콕의 전통 타이음식.
6. 음식을 시켰는데 바퀴벌레가 나왔음.
7. 식당에서 식사 후 계산서를 받았는데 엄청난 요금이 나왔음.
8. 파리의 명물 캉캉쇼(물랭루주 카바레의) 장면.(파리에서 순회공연 왔음)
9. 쇼 중에 볼만한 쇼는 공중부양 마술쇼.
10. 일본의 예능쇼.(Japanes entertainment program - 여자의 엉덩이를 야구방망이로 때림)

Key Words

1. before check in 2. carry my luggage 3. got ripped off
4. famous for 5. what's the typical. 6. refund on
7. made a mistake 8. recommend good show
9. prefer to see 10. junk

47. LINCOLN & KENNEDY
(링컨과 케네디의 우연)

1. ASSASINATING PLACES 2.FORD THEATER & FORD LIMOUSINE

3. TWO JOHNSONS 4.(1808, 1908) 5. ELECTED 1860 & 1960 6. BORN 1839 & 1939

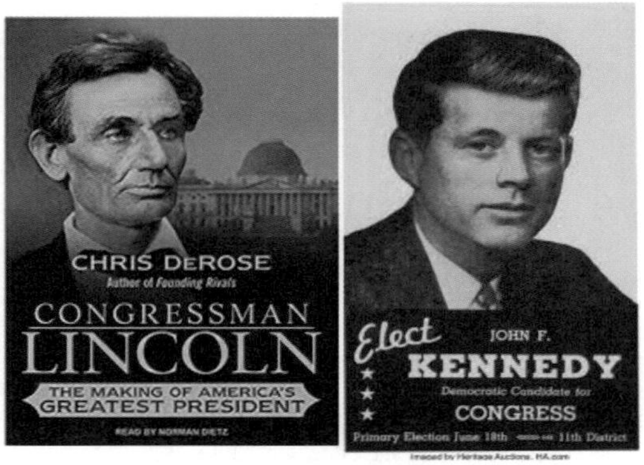

7. SECRETARY JOHN & LINCOLN 8. CONGRESS MEN 1846 &1946

9. MARILYN **10. TWO VICE PRESIDENTS & WIVES**

47. Coincident of Lincoln & Kennedy
링컨과 케네디의 우연

1. Wilkes' Booth assassinated Lincoln at the theater and was captured in the warehouse, Oswald sniped Kennedy at the warehouse and was captured in the theater.
2. President Lincoln died in the Ford Theater and President Kennedy died in a Lincoln open car of Ford-made.

3. The names of the vice presidents who followed the two presidents were all Johnson.(Lincoln-Andrew Johnson, Kennedy-Linden Johnson)
4. Lincoln's vice-president Andrew Johnson was born in 1808, and kennedy's vice-president Lynden Johnson was born in 1908.(100 yearsdifference)

5. President Lincoln was elected president in 1860, and Kennedy was elected in 1960.(The curse of Tecumseh)
6. President Lincoln's assassin John Wilkes Booth was born in 1839, and President Kennedy's

assassin Lee Harvey Oswald was born in 1939. (100 years difference)

7. President Lincoln's secretary was John (Kennedy's first name), and President Kennedy's secretary was Lincoln.
8. Lincoln was elected to congressman in 1846, and Kennedy was elected to congressman in 1946.

9. Lincoln was in Marilyn Monroe a week before his death and Kennedy was with actress Marilyn Monroe a week before his death.
10. The two vice presidents died 10 years after becoming president, and their two wives died 40 years after their marriage.

1. 윌크스 부스는 링컨을 극장에서 암살하고 창고에서 잡혔으며, 오스왈드는 창고에서 케네디를 저격하고 극장에서 잡혔다.
2. 링컨 대통령은 포드극장에서, 케네디 대통령은 포드에서 만든 링컨 오픈카에서 사망하였다.
3. 두 대통령의 뒤를 이은 부통령들의 이름이 모두 존슨이었던 점. (링컨 -앤드루 존슨, 케네디- 린든 존슨) 두 부통령이 모두 얼굴 생김새가 비슷하다는 점.
4. 링컨 대통령의 뒤를 이은 앤드루 존슨 부통령은 1808년생이고, 케네디 대통령의 뒤를 이은 린든 존슨 부통령은 1908년생이라는 점.(100년 차이)

5. 링컨 대통령은 1860년에 대통령으로 당선되었고, 케네디 대통령은 1960년에 당선되었다는 점.(테쿰세의 저주)
6. 링컨 대통령의 암살범 존 윌크스 부스는 1839년생이고 케네디 대통령의 암살범, 리 하비 오스 월드는 1939년생이라는 점.(100년 차이)
7. 링컨 대통령의 비서 이름은 존(케네디의 이름)이었고, 케네디 대통령의 비서 이름은 링컨이었다.
8. 링컨은 1846년 하원 의원에 당선되었고, 케네디는 1946년 하원 의원에 당선되었다.(100년 차이)
9. 링컨은 죽기 일주일 전 Marilyn Monroe(마릴린)이라는 곳에 있었고 케네디는 죽기 일주일 전 영화배우 Marilyn Monroe(마릴린 먼로)와 함께 있었다.
10. 대통령이 된 두 부통령은 대통령이 된 후 10년 후 각기 사망하였으며 그 부인들은 결혼 후 40년 후에 각각 사망하였다.

그림설명 - illustration

1. 윌크스가 극장에서 링컨 암살하는 장면(후에 창고에서 잡혔음)과 오스왈드가 창고에서 케네디를 저격하는 장면(후에 극장에서 잡혔음.)
6. 윌크스 부스와 오스왈드의 사진.(1839년생, 1939년생)
7. 링컨의 비서 John의 사진과 케네디의 비서 링컨의 사진.
8. 링컨과 케네디의 하원 의원 당선 사진.
9. 케네디와 마릴린 먼로의 사진.
10. 두 부통령들과 부인들의 사진(두 부통령들은 대통령 취임 10년 후 각기 사망, 부인들은 결혼 후 40년 후에 각각 사망)

Key Words

1. assasinate 2. Ford 3. vice presidents's name 4. born in
5. elected 6. assassin 7. secretary 8. congressman

9. Marilyn 10. wives

** 테쿰세의 저주(Tecumseh's Curse) **

역대 미국 대통령들에게 내린 죽음의 저주.

미국 개척시대에 백인들은 원주민 인디언들을 참 무수히도 죽여댔는데, 테쿰세는 인디언 쇼니족의 추장으로, 인디언들에게 공포의 대상이었던 윌리엄 헨리 해리슨 장군(9대 대통령-취임 1달 후 폐렴으로 사망)에게 목숨을 잃었는데, 죽으면서 이런 저주를 남겼다.

"앞으로 20년마다 0으로 끝나는 해에 당선되는 미국 대통령은 임기를 다 못 채우고 목숨을 잃을 것이다."라고.

실제로 1840년(9대)부터, 1860년, 1880년, 1900년, 1920년, 1940년, 1960년의 35대 당선자 케네디까지 7명의 대통령이 임기 중 암살당하거나 병으로 죽었다. 이 저주는 1980년 레이건 암살 미수(힝클리 주니어) 사건으로 끝났는데 레이건이 아메리칸 인디언에게 혜택을 베푼 탓이라는 말이 있다.

48. BLACK CAT (검은 고양이)

1. LOVE ANIMAL

2. CARE FOR

3. VICIOUS CHARACTER

4. CUT ONE EYE

5. HANG ON A TREE

6. FIRE BROKE OUT

7.RESEMBLES

8. STICKY WATCHER

9. RELY ON

10. DRUNK &ASSAULT 11. KILL & HIDE 12. OFFICER

13.TAP 14. TEAR DOWN THE WALL 15. DISCOVER BODY & CAT

48. BLACK CAT (검정고양이)

by Edgar allen poe

1. Since childhood, I always loved to care for and socialize with animals.

2. After getting a wife, she also committed to caring the animals.

3. After marriage, 'I' gradually begins to look for alcohol, and the vicious character was coming out that was never appeared before.
4. After returning home drunk one night, I was trying to hold the Pluto, the black cat raised at home bit my hand. In devil's retaliation, I cut one of his eyes with knife.

5. Afterward as he avoided me, I was angry and killed him by hanging it on a tree.
6. That night a big fire broke out in the house and 'I' lost all of my wealth.

7. Meanwhile, a black cat that resembles a dead pluto with a single eye appeared near the house, and my wife took great care of it.
8. 'I' was trying to avoid this second black cat because it is creepy and unpleasant, but this cat only follows me like a sticky watcher.

9. "I,"who became more and more sensitive after the fire relied on alcohol as often as possible.
10. When I was drunk, I spoke abusively and even

assaulted my wife.

11. “I,” who killed my wife in an accident, put her body in a corner of the basement and made a new wall to completely hide the crime.
12. A few days after, the officers came and glanced at the house and unsuspectingly passed by the crime scene in the basement.

13. I tapped the wall that hid my wife's body behind with cane, speaking, “how solid is this house.” to try to ease doubt.
14. On that instance a bizarre sound echoes through the wall. The suspicious officers tear down the wall,

15. They discovered the wife's miserable body and a second black cat buried alive with the body in it.

1. 어린 시절부터 ‘나’는 늘 주위의 동물들을 돌보고 이들과 어울리길 좋아했다.
2. 성인이 되고 아내를 맞는데, 아내 역시 ‘나’만큼이나 동물을 보살피는 데 정성을 다한다.(헌신하다)
3. 세월이 흐르면서 ‘나’는 차츰 술에 탐닉하게 되고 내면에 잠재했던 포악한 성격이 표출되기 시작한다.
4. 어느 날 술에 취한 상태에서 집에 돌아온 ‘나’는 집에서 기르

던 검은 고양이 플루토를 안으려 하는데 손을 물자 악마 같은 복수심이 일어나 그의 한쪽 눈을 칼로 도려내었다.

5. 그 이후 그가 점점 더 나를 피하자 화가 솟구친 나는 얼마 후 아예 플루토를 나무에 목을 매달아 죽였다.
6. 얼마 후 집에 큰 불이 나서 '나'는 전재산을 잃게 된다.
7. 한편 죽은 플루토와 외눈박이 생김새까지 꼭 닮은 검은 고양이가 집 주변에 나타났는데 아내는 이를 거두어 애지중지 돌본다.
8. '나'는 왠지 이 두 번째 검은 고양이가 섬뜩하고 마땅찮아서 피하려 하지만 이 고양이는 끈덕지게 감시자처럼 '나'만 따라다닌다.
9. 화재 이후 점점 예민해진 '나'는 더욱 자주 술에 의지하게 된다.
10. 나는 술에 취하면 아내에게 폭언을 퍼붓고 심지어 폭행을 저지르기도 하였다.
11. 어느 날 우발적으로 아내를 죽인 '나'는 아내의 시체를 지하실 한쪽 구석에 놓은 후 벽을 새로 만들어 범행을 은폐한다.
12. 범행 며칠 후 아내의 실종을 조사하러 경찰들이 찾아와 집을 둘러보고 지하실의 범죄장소를 무심결에 지나치는데.
13. '나'는 의심을 줄이려는 의도로 아내의 시체를 감춘 지하실 벽을 지팡이로 두드리고 만다. "집이 얼마나 든든한가?"라고 말하며
14. 그 순간 벽안에서 기괴한 소리가 울리고. 이를 수상히 여긴 경찰관들이 벽을 허물게 된다.
15. 그 안에서 부패된 아내의 시체와 그 시체와 함께 산 채로 묻힌 두 번째 검은 고양이가 발견된다.

Key Words

1. love animal 2. care for 3. vicious character 4. cut one eye
5. hang on a tree 6. fire broke out 7. resembles 8. sticky watcher
9. rely on 10. drunk &assault 11. kill & hide 12. officer 13.tap
14. tear down 15. discover body & cat

49. MOBY DICK (백경)

1. INN

2. CARNNIBAL QEEQEUG

3. ISHMAEL AND HAGAR

4. PIQUOD

5. ONE LEG AHAB

6. DOGS LICK AHAB'S BLOOD

7. VENGEANCE

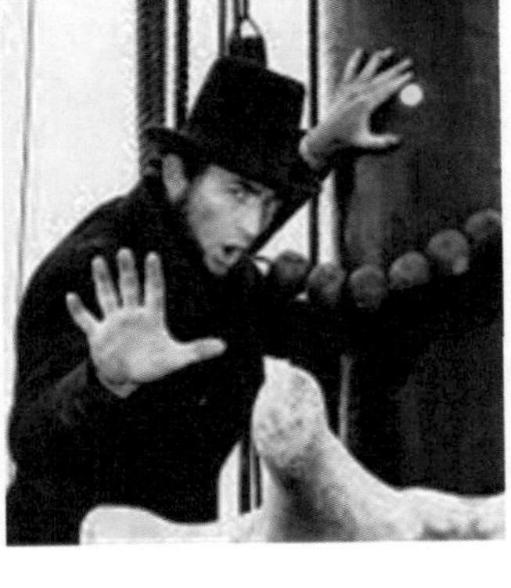

8. GOLD COIN

9. SECRET CREWS

49. MOBY DICK (백경)

10. ONE HAND CAPTAIN

11. REVENGE ON THE BEAST

12. LOST A SON

13. REFUSE

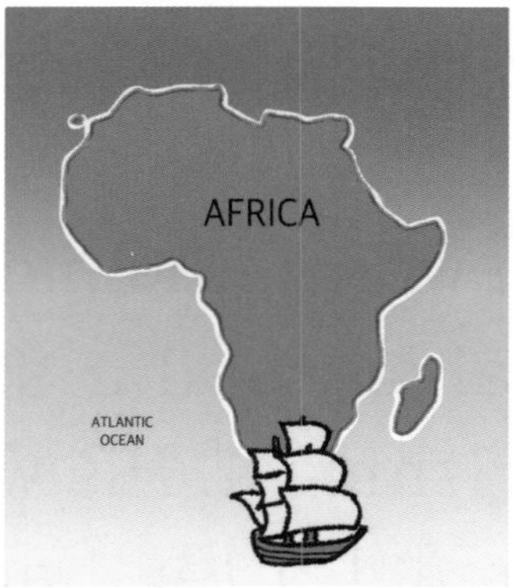

14. CAPE OF HOPE

15. FINAL FIGHT

16. DRAGGED INTO THE WATER

17. SMASHED PIQUOD

18. ISHMAEL SURVIVES

49. MOBY DICK (모비 딕)

by Herman Melville

1. Ishmael stayed at a cheap inn on the pier to get on the whaling ship.
2. He Meets the bizarre Polynesian cannibal prince, Queequeg who has tattoos all over his body. They sleep together in one bed and become friends.

3. In the Christian world, the name Ishmael means the exiled, Abraham had a son from his slave Hagar, who was Ishmael. His wife Sarah expelled Hagar and Ishmael after had her son, Isaac. then Ishmael became the ancestor of the Arabs.
4. This two men boarded the whaling ship, Pequod together and share the odd fate of the future.

5. Ahab, the captain of whaling ship Pequod, had lost one leg to Moby Dick, the big white whale and was wearing a limb made of whale jaw.
6. The name Ahab appears in the Bible and says, "As a wicked king, the dogs lick his blood after

he dies."

7. He is burning with vengeance for Moby Dick, and he urges the crews to capture it.
8. The captain beats a gold coin with a nail in the mast and says he will give it to the person who first sees Moby Dick.

9. At this instance, five men appeared front of Ahab that no one had seen before. looks like Parsees-a race notorious for evil doing seems to be secret crew of Ahab.
10. On the way he meets a British whaling ship named Samuel Enderby, led by a captain who lost one arm to Moby Dick.

11. He says revenge on the beast is useless.
12. They met the whaling ship Rachel, and it's captain lost a boat which the crews and his son were riding while chasing the whale.

13. The captain eagerly asks Ahab to help him find his son, but Ahab refuses and keeps tracking Moby Dick.
14. After departing Nantucket, he pursues Moby Dick, turns the Cape of Hope and continues

sailing to the Indian Ocean and then to the Pacific Ocean. Then, finally, he finds Moby Dick .

15. After three days of fighting with the whale, the harpoon shot by Ahab hits Moby Dick in the final fight.
16. The captain is dragged into the water as the rope of harpoon he threw is wrapped around his neck.

17. And the Whale smashes Piquod and sinks it as well.
18. All sailors die, and Ishmael only survives on a coffin made by qeequeg, who foresees death, is rescued from another boat.

1. 이 소설의 주인공 이스마엘(이쉬미얼)은 (육지 생활에 불만을 품고) 포경선에 타기 위해 부둣가의 여관에서 묵게 되는데
2. 온몸에 문신을 한 기괴한 폴리네시안 식인종 왕자 퀴궈그를 만나 한 침대에서 같이 자게 되며 친구가 된다,
3. 이쉬미얼이란 이름은 성경에서 '에이브럼의 여종, 하갈이 낳은 아들로, 후에 아이삭이 태어나자 하갈(헤이거ㄹ-, 모친)과 함께 추방되었으며 '황야를 떠도는 방랑자'(또는 추방자)란 뜻이다. 그는 아랍인의 시조가 된다.
4. 이 둘은 포경선 피궈드호에 같이 타게 되어 앞으로 닥쳐올 기구한 운명을 같이 하게 된다.
5. 포경선 피궈드호 선장인 에이헤브는 "모비 딕"이라고 불리

는 거대한 흰머리 고래에게 한쪽 다리를 잃고 고래 턱뼈로 만든 의족을 달고 있었다.

6. '에이햅'이란 이름은 성경에 나오길 악한 임금으로 '그가 죽은 후 개들이 그의 피를 핥는다'는 말이 있다.(그림)
7. 그는 백경에 대한 복수심에 불타 있으며, 선원들에게 백경을 포획하라고 다그친다.
8. 선장은 금화를 마스트에 못으로 박고는 제일 먼저 백경을 발견한 사람에게 상으로 주겠다고 말한다.
9. 이때 전에 아무도 보지 못했던 다섯 명의 사내가 아합 선장 앞에 나타난다. 모습이 파시족(사악하기로 유명한 인도, 아랍계 이교도) 같아 보이는데 선장의 비밀 선원으로 보인다.
10. 도중에 모비딕에게 팔 하나를 잃은 선장이 이끄는 새뮤얼 엔더비호라는 영국 포경선을 만난다.
11. 그는 짐승에게 하는 복수는 쓸데없는 짓이라고 말한다.
12. 레이첼 호라는 포경선을 만나는데 이 배의 선장은 고래를 추적하다가 선원들과 아들이 탄 보트를 잃어버린 채였다.
13. 선장은 에이햅에게 아들 찾는 것을 도와달라고 간곡히 부탁하지만 에이해브는 거절하고 모비딕을 계속 추적한다.
14. 미국의 난터켓을 출발한 후 백경(白鯨)을 쫓아 대서양에서 희망봉을 돌아 인도양과 태평양으로 계속 항해한다. 그러다가 드디어 백경의 모습을 발견한다.
15. 장장 사흘 동안 밤낮으로 고래와 사투를 벌인 끝에 마지막 싸움에서 에이허브가 쏜 작살이 모비 딕에게 명중하지만
16. 선장은 자기가 던진 작살의 밧줄이 목이 감는 바람에 물속으로 끌려 들어가고,
17. 고래는 피쿼드호도 들이받아 박살을 내어 침몰시킨다.
18. 모든 선원이 죽고 이쉬미얼만이 죽음을 예견한 동료 퀴퀘 그

가 만들었던 관을 타고 가까스로 살아남아 다른 배에 구조된 다.

Key Words

1. inn 2. carnnibal Qeequeg 3. Ishmael and Hagar 4. piquod
5. one leg captain Ahab 6. Dogs lick Ahab's blood 7. vengeance
8. gold coin 9. secret crews 10. One hand captain
11. revenge on the beast 12. lost a son 13. refuse
14. cape of hope 15. final fight 16. dragged into the water
17. smashed Piquod 18. survives

50. PSYCHO (사이코)

1.MARION DRIVE WITH MONEY

2. BATES MOTEL

3.MANSION BEHIND MOTEL (woman's silhuette seen)

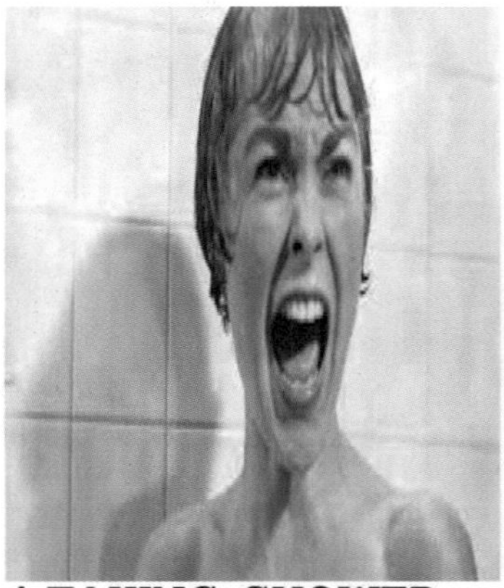

4,TAKING SHOWER

5. MURDER

6. PRIVATE DETECTIVE KILLED BY SOMEONE

7.SYSTER & LOVER ASK NORMAN

8. ENTER BASEMENT

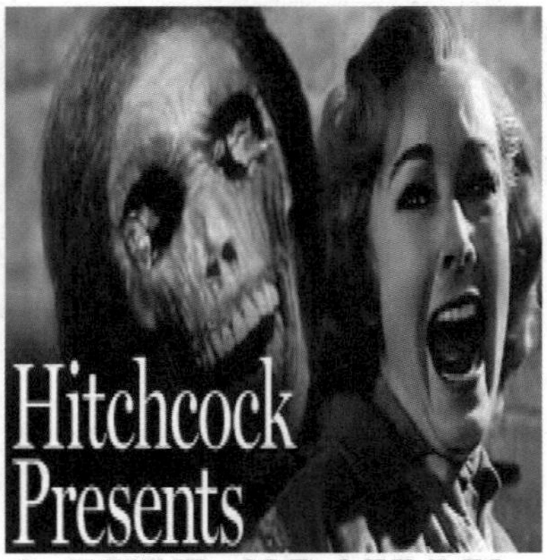

9. FOUND OLD MUMMY

50. PSYCHO (사이코)

10.NORMAN TRY TO KILL LILA

11.SAM OVERPOWERED NORMAN

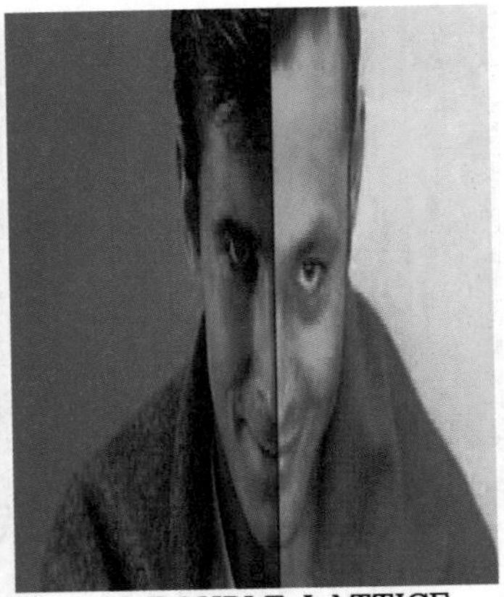

12.DOUBLE LATTICE

13. NORMAN KILLED MOM'S LOVER

14. HE KILLED MOM ALSO UNINTENSIONALLY

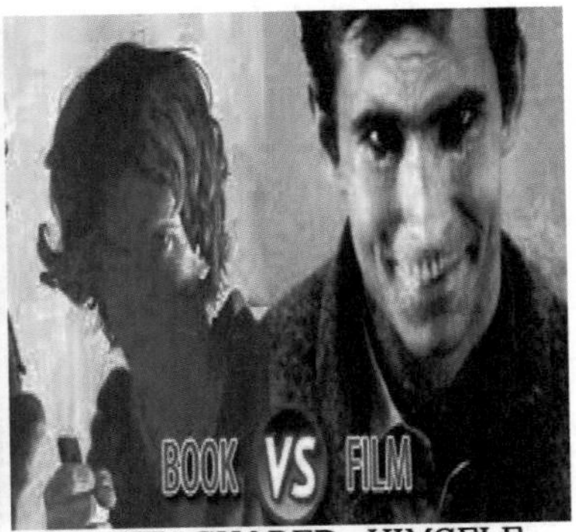

15 .HE SHARED HIMSELF WITH MOM'S PERSONALITY

16. MOM'S JEALOUS PERSONALITY KILLED MARION

17. RETRIEVE CAR

50. PSYCHO (사이코)

BY HITCH COCK

1. Marion, an employee of a Phoenix real estate agency, drove to LA with the money she stole.
2. In the middle of the night, she stays at the Bates motel run by Norman Bates and has dinner with the owner Norman.

3. Before preparing dinner, there is a sound of an argument between Bates and an old woman inviting Marion to the mansion behind the motel.
4. After the meal, she comes back to the cabin to take a shower, but someone attacks her and kills her with a knife.

5. It appears to be the murder of Norman's mother who Marion thought was seducing her son.(Due to pathological jealousy)
6. A private detective hired by the boss comes to the motel and is killed by someone while climbing the stairs of the mansion to talk to the

mother.

7. Sister Lila visits the Bates Motel with her sister's lover, Sam, to find her and asks Norman where she is, but he doesn't answer.
8. Lila, who was suspicious, secretly enters Norman's basement while Sam talks with Norman at the mansion.

9. Lila went down to the basement of Norman's house, an found an old woman sitting on a rocking chair, and she was already dead and mummified.
10. Norman knocks Sam down and runs to Lila after hearing her scream. He tries to kill Lila with a knife.

11. Sam recovers and then enters behind Norman, just managing to overpower Norman. (Lila is rescued and killer is caught.)
12. This is the end of the murder. Norman was a two faced person

13. Ten years ago, his mother brought a lover, but Norman murdered him because of his insane jealousy.

14. Meanwhile, Norman kills his mother unintentionally. He was unable to admit that he killed his mother, preserved her body, and shared his mind with her personality.

15. The way he talked to his mother in the movie was that the moment his mother's personality popped up and talked alone.
16. Meanwhile, Marion appears in the motel, and this time his mother's personality is jealous and kills Marion

17. Marion's body and car is retrieved from the swamp.

1. 피닉스의 부동산 중개소의 직원인 마리온이 공금을 횡령한 후 차로 LA로 도주한다.
2. 중간에 노먼 베이츠가 운영하는 베이츠 모텔에서 투숙하며 주인 노먼과 같이 저녁식사를 하기로 한다.
3. 그때 모텔 뒤편의 저택에서 베이츠와 노파가 매리언을 초대하는 문제로 다투는 소리가 들린다.
4. 식사 후 방에 돌아와 샤워를 하는데 누군가가 침입해 칼로 그녀를 살해한다.
5. 노먼의 어머니가 마리온이 아들을 유혹한다고 생각해서 죽인, (병적인 질투심으로 인한) 것으로 보인다.
6. 사장이 고용한 사립탐정이 모텔로 찾아와 저택의 어머니와 대화를 하기 위해 계단을 오르던 중 누군가에게 살해당한다.

7. 여동생 라일라도 언니를 찾기 위해 언니의 애인 샘과 함께 베이츠 모텔을 찾아와 저택에서 언니의 행방을 묻지만 노먼은 가르쳐 주지 않는다.
8. 이를 수상하게 여긴 라일라는 샘이 저택에서 노먼과 이야기 하는 사이 몰래 노먼의 지하실에 들어가 본다.
9. 노먼의 집 지하실로 내려간 라일라는 흔들의자에 뒤돌아 앉아 있는 노파를 발견하는데 그녀는 이미 죽어서 오래된 미라였다.
10. 샘을 때려눕힌 노먼은 라일라의 비명소리를 듣고선 노파의 복장을 하고 달려와 라일라를 칼로 찔러 죽이려하는데,
11. 그러나 곧 의식을 회복하여 그 뒤를 쫓아온 샘이 노먼을 제압한다.(죽을 뻔한 라일라는 구조되고 살인범은 잡힌다.)
12. 이 살인사건의 내막은 결국 이렇습니다. 노먼은 이중인격자였던 것입니다.
13. 10년전 그의 어머니는 연인을 데려왔는데, 노먼은 미친듯한 질투심 때문에 그녀의 연인을 살해했습니다.
14. 그러던 중에 의도치않게 어머니까지 살해하게 된다. 자신이 어머니를 죽였다는 것을 인정할 수 없었던 노먼은 어머니의 시신을 보존 하고 스스로 인격의 반을 어머니와 나누어 살아왔다는 것입니다.
15. 영화에서 어머니와 이야기를 나누는 모습은, 순간순간 어머니의 인격이 나타나서 혼자 대화를 나눈 것이었습니다.
16. 그러던 중 마리온이 모텔에 나타나고, 이번에는 어머니의 인격이 질투심에 불타올라 매리언을 살해하게 됩니다.
17. 매리언의 시신과 차는 늪에서 회수되었다.

Key Words

1. marion drive w, money 2. bates motel 3. mansion behind motel

4. taking shower 5. murder 6. private detective killied

7. syster & lover ask 8. enter basement 9. found old mummy

10. norman try to kill lila 11. sam overpowered noeman

12. double lettice 13. killed mom's lover 14. killed mom also

15. shared mom's personality 16. mom's jealous personality

17. retrieve car

51. GULLIVER'S TRAVEL (걸리버 여행기)

1. TIED DOWN BY CORD

2. FIRED ARROW

3. GAVE WINE HAD DRUG

4. MOVED TO CAPITAL

5. EAT TOO MUCH

6. SET FREE

7. EGG FRY & EGG SCRABMLE

8. SHIPS ROPES TOGETHER

9. SLAVE

10. FIRE BROKE OUT

11. LEAVE THIS LAND

51. GULLIVER'S TRAVEL (걸리버 여행기)

(LILLIPUT SECTION)

1. When I awoke in the beach after being drift, I realized I was tied down by hundreds of thin strong cord. Soon I found that I was surrounded by hundreds of men of about 5 inches tall.
2. When I try to catch them, they fired arrows at my neck and face. It was very painful.

3. They gave me wine to drink and I fell a sleep because it was drugged.

4. When I awoke I was strapped onto a seven foot carrage, drawn by 1,500 horses and moved to the capital of their kingdom, Lilliput.

5. The king and servants were worried I would eat too much that the land would soon become poor. Someone suggest to kill me.
6. After the king learned that I'm the good man, he told me I'll be set free if I swear a peace and agree with few rules.

7. Lilliput's enemy Blefuscu was planning to attack them because Blefuscu's people fries their eggs but Lilliputians scrambled their eggs.
8. I soon had all the ships of Blefuscu tied together. Then all the sailors fled the ships as I dragged them away.

9. Lilliput's king wants to make enemies his slaves but I refused. This disagreement led to me leave Lilliput forever.
10. Meanwhile a fire broke out in the Queen's Palace, the Queen was displeased with me and wanted to kill me because I pissed on it to extinguish.

11. I built a boat for months to leave this land. On the day I left, the king of the Blefuscu Kingdom and many others came to the beach to see me off.

1. 표류 후 해변에서 깨어났을 때 나는 수백 개의 얇고 강한 끈에 묶여있음을 깨달았습니다. 곧 나는 키가 약 6인치 인 수백 명의 사람들에게 둘러싸여 있음을 알게 되었습니다.
2. 내가 그들을 잡으려고 하자 그들은 내 목과 얼굴에 화살을 발사했다. 그것은 매우 아팠습니다.(끈을 끊고)
3. 그들은 나에게 마실 와인을 주었고 곧 잠이 들었습니다. 거기엔 약이 들어있었기 때문이었습니다.(수면제)
4. 내가 깨어났을 때 나는 1,500 마리의 말이 끄는 7 피트의 마차 위에 묶여 있었고, 그들의 왕국 릴리퍼트의 수도로 옮겨졌습니다.
5. 왕과 신하들은 내가 너무 많이 먹어 나라가 곧 가난해질 까봐 걱정했습니다. 누군가는 나를 죽이길 원했습니다.
6. 왕은 내가 착한 사람이라는 것을 알게 된 후, 평화를 맹세하고 일부 지침에 동의하면 자유롭게 해 줄 것이라고 말했습니다.
7. Lilliput의 적 블레퍼스큐인들이 공격을 준비 중이라고 했습니다. 이유는 Blefuscu의 사람들은 에그프라이를 먹지만 릴리퍼트인은 에그 스크램블을 먹기 때문이라고 했습니다.
8. 나는 곧 모든 blefuscu의 배들을 로프로 묶었습니다. 그리고 내가 배들을 끌고 나가자 모든 선원들이 배에서 도망쳤습니다.
9. Lilliput의 왕은 적들을 노예로 만들고 싶어 하지만 나는 거절

했습니다. 이 의견 불일치로 인해 나는 Lilliput를 영원히 떠나게 되었습니다.

10. 한편 왕비의 궁전에 불이 났을 때 내가 오줌을 누어 불을 끈 일에 대해 왕비는 불쾌감을 느껴 날 죽이려 하였습니다.(She felt insult by his genital exposure - 그의 성기노출로 인해 왕비는 모욕감을 느꼈다. 시종이 왕비의 눈을 가린다.)
11. 이 땅을 떠나기 위해 몇달 동안 보트를 만들었습니다. 내가 떠나는 날, 블레퍼스큐국의 왕과 많은 사람들이 해변으로 와서 나를 배웅했습니다.

Key Words

1. awoke 2. arrow 3. wine 4. strap 5. wish to kill 6. set free 7. fried egg & scrambled egg 8. tied down 9. slave 10. piss on it 11. see me off

52. THE LITTLE PRINCE (어린왕자)

1. AIR PLANE CRUSH

2. PILOT STUMBLES ACROSS A BOY

3. BIG BOA SNAKE

4. FEELS LOVE FOR LOVE

5. TRVLE ANOTHER STAR

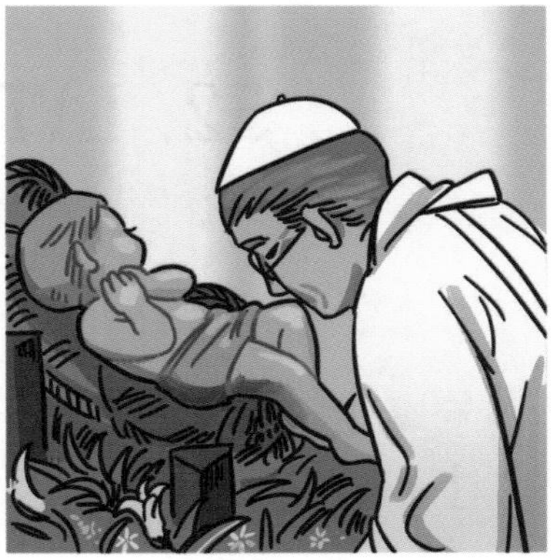

6. CANNOT UNDERSTAND

7. AUTHORITY

8. REFUSE LISTEN

9. DRUNKEN PEOPLE

10. MAGALOMANIA

11. VERY TINY STAR

12. LEARN FROM A FOX

52. LITTLE PRINCE (어린왕자)

1. The pilot's plane crashed into the Sahara desert due to an airplane failu1.re.
2. While contemplating life and death in a desert where no one seemed to be, he stumbled across a boy.

3. He said he came from planet called B612 and asked pilot to draw a sheep. The pilot first showed him his old picture of the elephant inside the big Boa snake it looks like a hat, which, to the pilot's surprise, the little prince

interprets correctly.

4. The little prince feels love for a rose in his star. but the pretentious rose only hurts the little prince.

5. Then the Little Prince decided to travel another star that if he knew the bigger world, he would understand the behavior of the rose.
6. The little prince travels several stars and meets people but thinks that they are all thinking and acting that he cannot understand.

7. A king where his authority was most important.
8. A star inhabited by a vanity who refuses to listen to anything other than a compliment to him.

9. In a star of a drunken person who is embarrasing to drink but drink again to forget it.
10. A megalomania religious leader who claims that all the 500 million stars In the sky are his own.

11. And in a very tiny star with a paranoid person who keeps on and off the lights every minute

even though he doesn't have to.

12. Little prince learn from a fox that there are so many roses in the world, but the rose in his star that the little prince have cared for and tamed is only one in the world. Then He decided to return to his star.

52. 어린왕자

by 생떽쥐베리

1. 아프리카 사막을 비행하고 있던 조종사가 비행기 고장으로 사막에 불시착하게 된다.
2. 사막에서 생사를 고민하던 중 우연히 한 소년을 만나게 된다.
3. B612라는 작은 혹성에서 왔다고 하는 소년은 조종사에게 양 한 마리를 그려달라고 한다. 조종사는 우선 옛날에 그렸던 코끼리를 삼킨 큰 보아뱀의 사진을 보여준다.-모자처럼 보이는- 놀랍게도 소년은 이를 정확히 알아보았다.
4. 어린왕자는 자기 별에서 우연히 만난 장미에게 사랑을 느끼지만 허영심 많은 장미는 어린왕자에게 상처만 줄 뿐이었다.
5. 어린왕자는 더 큰 세상을 알게 되면 장미의 행동을 이해할 수 있으리란 생각을 하며 여행을 결심한다.
6. 어린왕자는 여러 별을 여행하며 사람들은 만나지만 모두 이해할 수 없는 생각과 행동을 할 뿐이라고 생각한다.
7. 자신의 권위가 무엇보다 중요했던 어느 왕,
8. 자기를 칭찬하는 말 이외에는 들으려 하지 않는 허영심 많은

사람이 살고 있는 별.

9. 술 마시는 것이 부끄럽지만 그것을 잊기 위해 다시 술을 마신다는 술꾼이 사는 별.

10. 하늘에 보이는 5억 개의 별이 모두 자기 것이라 주장하는 과대망상증 종교지도자가 있는 별.(문선명은 자기가 메시아라고 주장함)

11. 그리고 별이 너무 작아서 그럴 필요가 없는데도 계속 1분마다 불을 켜고 끄는 이상한 사람이 사는 별.

12. 세상에는 수많은 장미가 있지만 어린왕자가 아끼며 돌보고 길들인 장미는 이 세상에 하나밖에 없음을 여우를 통해 깨달고자 기의 별로 돌아갈 것을 결심한다.

Key Words

1. airplain crush 2. stumble across 3. boa snake 4. rose

5. travel 6. cannot understand 7. authority 8. refuse listen

9. drunken person 10. magalomania 11. tiny star 12. fox

(WISE SAYINGS OF LITTLE PRINCE)

1. The desert is beautiful because it hides an oasis somewhere.
2. Being tamed by someone may mean that you will have something to shed tears.
3. It's a miracle that my favorite person likes me.
4. A little favorite can never be love. Don't say you love someone too easily. The words I love you should be saved for the truth.

5. If you come at 4pm, I will be happy from 3pm.

1. 사막이 아름다운 건 어디엔가 오아시스를 감추고 있기 때문이야.
2. 누군가에게 길들여진다는 것은 눈물을 흘릴 일이 생긴다는 것인지도 모른다.
3. 내가 좋아하는 사람이 나를 좋아해 주는 건 기적이야.
4. 조금 좋아하는 것은 절대 사랑일 수 없다. 너무 쉽게 사랑한다고 하지 마. 사랑한다는 말은 진실을 위해 아껴야 해.
5. 만약 네가 오후 4시에 온다면, 나는 3시부터 행복해질 것이다.

53. ENGLISH PATIENT

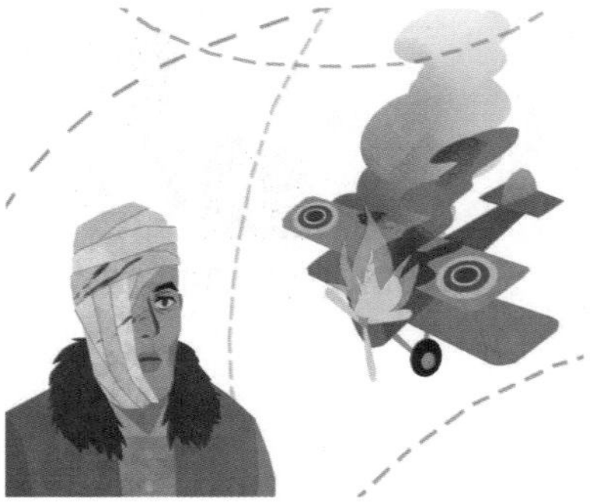

1, BODY BURN PILOT

2. REMEMBER NOTHING

3. ASK READ HISTORY BOOK

4. CARTOGRAPHER

5. CLIFTON COUPLE

6. DESERT CAMPFIRE

7. QUEEN'S BARE BODY

8. ASK KILL THE KING

9. CAR OVERTURNED

10. SPEND NIGHT TOGETHER

11. BETRAYAL IN THE WAR

12. SUICIDE ATTACK

13. LEAVE HER IN THE CAVE

14. CAME BACK BUT DIED ALREADY

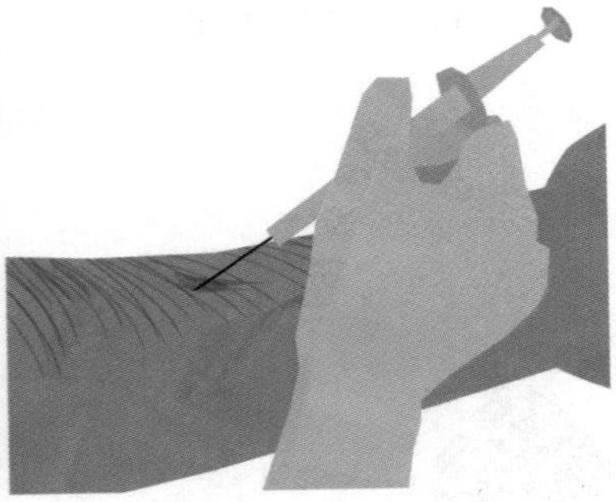
15. ASK MORPHINE INJECTION

53. ENGLISH PATIENT

1. In October 1944, a man with a full body burn was sent to an Allied Field Hospital in the Italian coast.
2. As a pilot of a British plane that crashed in the

North African desert, he never remembered his name or where and what he was doing.

3. He asks Hannah to read Herodotus' history book. There are various pictures, notes, and scraps on the bookmark. This leads to the British patient's memory being recalled one by one.
4. He is revealed to be Hungarian cartographer Count László de Almásy. He was a member of the International sands Club, conducting a desert exploration and mapping activity in North Africa.

5. When the signs of World War II were seen in Europe 1939, the Clifton couple of the Royal Society of British Geography joins the International Desert Club.
6. The story of 'Candolis' introduced by Mrs. Clifton, in the desert campfire during her talent show, digs into the heart of the unmarried Almercy.

7. The king of Lydia Candolis boasted that the queen was a beautiful woman and he allowed his servant hide himself for a peek the queen's bare

body.

8. Annoyed Queen Candolis summoned him and said, 'Choose your head or kill the king who insulted her and become a king yourself choose one.'

9. Almacy recalls the past again. A group of Almersy, who left for exploration in the desert, had an accident with a car overturned, leaving Almacy and Catherine alone, while others carried the injured and returning to Cairo,

10. When a sandstorm struck that night, and the two of them spent the night together in a car. While checking each other's feelings.

11. Catherine said, "Betrayal in the war is like a child compared to normal betrayal." wrote in her diary that the heart is the organ of fire, it smashes everything.

12. Catherine's husband, who learned about her affairs, rushed to them by plain to commit a suicide with Almasy and Catherine, but only he died. and seriously injured Catherine was taken to the cave by Almasy.

13. Leaving her in the cave, Almasy walks through

the desert for many days to for rescue and meet the Allies forces but they consider him German and had him arrested. So he escaped from them. But he is captured by Germans this time

14. Eventually, he handed over an important map to the Germans and in return he got a plane and went to Catherine, but she had already passed away long ago.(soon after his plain with Catherine's body was shot down over North Africa-this is the openning s cean of the movie.)

15. Almacy asks Hannah to kill him with a morphine injection(while imagining flying with Catherine on an airplane to the sky).

1. 1944년 10월 이태리 해안의 연합군 야전병원에 전신화상을 입은 남자가 후송되어 온다.
2. 그는 북아프리카 사막에서 독일군 대공포화를 맞고 추락한 영국 비행기의 조종사로서 자기의 이름은 물론 어디서 무엇을 하다 왔는지 전혀 기억하지 못한다.
3. 그는 한나에게 헤로도투스의 역사책을 읽어달라고 부탁한다. 책갈피에는 여러 가지 그림과 쪽지, 스크랩이 끼워져 있다. 이것이 단서가 되어 영국인 환자는 기억을 하나씩 되살린다.
4. 그는 본래 헝가리 출신의 지도제작자, 알머시 백작으로 北아프리카에서 사막탐사 및 지도제작 활동을 벌이는 국제사막클럽(International Sands Club)의 일원이었다.

5. 1939년경, 유럽에서 2차 대전의 전운이 감돌 무렵 영국 왕립 지리학회 소속의 귀족 클리프튼 부부가 국제 사막 클럽에 새로 참여한다.
6. 사막 캠프 파이어에서 각자 장기자랑을 할 때 클리프튼 부인이 소개한 칸돌리스 왕 이야기는 미혼인 알머시의 마음을 파고든다.
7. 리디아의 왕은 왕비가 절세미인임을 자랑하며 그의 신하에게 왕비의 나신을 숨어서 엿볼 수 있도록 허락했다.
8. 분노한 칸돌리스 왕비는 그 신하를 불러 '목을 내놓던가 자신을 모욕한 왕을 죽이고 스스로 왕이 되던가 택일하라'라고 다그쳤다.
9. 사막으로 탐사활동을 떠난 알머시 일행 도중에 차량전복 사고를 당하고, 탐사를 위한 알머시와 캐서린만 남고 다른 사람들은 부상자를 싣고 카이로로 돌아간다.
10. 그날 밤 모래 폭풍이 몰아치고, 두 사람은 자동차 안에서 하룻밤을 함께 보내면서 서로의 감정을 확인한다.
11. 캐서린이 말하길 "전쟁 중의 배신은 평상시의 배신에 비하면 어린애와 같다"라고 일기에 쓴다.
12. 불륜을 뒤늦게 알게 된 캐서린의 남편은 비행기로 알마시와 캐서린과 함께 동반자살을 하려고 두 남녀에게 돌진했으나 자신만 죽는다.
13. 캐서린은 큰 부상을 입은 채 알마시에 의해 동굴로 옮겨진다. 그녀를 동굴에 남겨두고 알마시는 구조를 요청하러 여러 날을 걸어 연합군을 만나지만 그들은 그를 독일군으로 간주해 체포한다. 그래서 그들로부터 탈출한 알마시는 이번에는 독일군에게 붙잡힌다.
14. 결국 그는 자신의 중요한 지도를 독일군에게 넘기고, 그 대

가로 비행기를 얻어 캐서린에게로 가지만 그녀는 이미 오래 전에 숨을 거둔 뒤였다.(알마시는 캐서린의 시체를 싣고 비행하다 북아프리카에서 독일군에게 격추되어 이탈리아로 옮겨진다. -영화의 첫 장면)

15. 알마시는 한나에게 모르핀주사로 자신을 죽여줄 것을 부탁한다.(캐서린을 비행기에 태우고 창공을 날아가는 상상을 하며)

Key Words

1. body injured pilot 2. remember nothing 3. read history book
4. cartographer 5. criffton couple 6. desert campfire
7. queen's bare body 8. servant kill the king 9. car accident
10. spend night together 11. betrayal in the war 12. suicide attack
13. leave her in the cave 14. died long ago 15. morphine injection

54. NECKLACE (목걸이)

1.ARISTOCRAT

2. CLERK

3. SERVANT

4. INVITATION

5.REFUSE

6. BUY DRESS

7. DIAMOND NECKLACE

8. ENJOY THE BALL

9. LOST NECKLACE

10. REPLACEMENT

11. BORROW MONEY

12. POVERTY

13. POOR APARTMENT

14. NOT RECOGNIZED

15. FAKE

54. NECKLACE (목걸이)

by Guy de Maupassant

1. Madame Mathilde Loisel has always imagined herself an aristocrat, despite being born into a family of clerks.

2. Her husband is a low-paid clerk who tries his best to make her happy but has little to give.

3. The young couple can afford the services of a young Breton girl as a servant.
4. After much effort, he secures an invitation for them to a ball sponsored by the Ministry of Education.

5. Mathilde refuses to go, for she has nothing to wear and wishes not to be embarrassed. Upset at her displeasure, Loisel gives her 400 francs -all the money he had been saving to go hunting with his friends.
6. So she can buy a dress. Even after Mathilde does so, she is still unhappy because she has no jewels to wear with it.

7. She spurns Loisel's idea of wearing fresh flowers instead, but takes his suggestion to borrow some jewelry from her friend, Madame Jeanne Forestier. She borrows a diamond necklace as her only ornamentation.
8. Mathilde enjoys herself at the ball, dancing with influential men and reveling in their admiration.

9. Once she and Loisel return home, though, she discovers that she has lost Jeanne's necklace.
10. Unable to find it, they resign themselves to buying a replacement. At the Palais-Royal shops, they find a similar necklace priced at 40,000 francs and bargain for it, eventually settling at 36,000.

11. Loisel uses an inheritance from his father to cover half the cost and borrows the rest at high interest. Mathilde gives the necklace to Jeanne without mentioning the loss of the original, and Jeanne does not notice the difference.
12. Loisel and Mathilde live in poverty for ten years, with him taking on night work as a copier to earn extra money and her sacrificing her beauty to do household chores on her own.

13. They have given up, of course, their servant, and have moved to a poor apartment up many stairs.
14. After all the loans are paid off, Mathilde encounters Jeanne on the Champs-Élysées, But Jeanne barely recognizes her due to her shabby clothing and unkempt appearance.

15. Mathilde tells Jeanne about the loss and replacement of the necklace and of the hard times she has endured on Jeanne's account. Jeanne reveals that the necklace she lent to Mathilde had contained fake diamonds and was worth no more than 500 Francs.

1. Madame Mathilde Loisel은 사무원 집안에서 태어났음에도 불구하고 항상 귀족인 자신을 상상했다.
2. 그녀의 남편은 그녀를 행복하게 해 주기 위해 최선을 다하지만 해줄 것이 거의 없는 박봉의 사무원이었다.
3. 그럼에도 불구하고 젊은 부부는 하인으로 어린 브르타뉴 소녀를 고용할 수 있었다.
4. 루아제는 많은 노력을 해서 교육부가 후원하는 파티에 초대를 받았다.
5. 그러나 Mathilde는 가기를 거부합니다. 왜냐하면 그녀는 입을 것이 없어 곤란해지지 않고 싶었기 때문입니다.
6. 그녀의 불만에 상심한 Loisel은 친구와 사냥을 하기 위해 저축한 돈 400 프랑을 그녀에게 주었고 그렇게 해서 드레스를 구입할 수 있었습니다.
7. Mathilde는 그렇게 한 후에도 그녀는 장식할 보석이 없어서 여전히 불만스러웠습니다. 그녀는 대신 생화를 달라는 Loisel의 아이디어를 일축하고 친구 Madame Jeanne Forestier로부터 보석을 빌리라는 제안을 받아들입니다. 그녀는 유일한 장식으로 다이아몬드 목걸이를 빌립니다.
8. Mathilde는 파티에서 영향력 있는 남자들과 춤을 추며 그들의 찬사를 즐깁니다.

9. 그녀와 로이젤이 집으로 돌아왔을 때, 그녀는 그녀가 포레스티에르의 목걸이를 잃어버렸다는 것을 알게 된다.
10. 찾을 수 없자, 그들은 대체품 구입을 감수하기로 합니다. 그들은 팔레-로얄 상점에서, 유사한 4만 프랑 가격의 목걸이를 36,000 프랑에 네고해 구입합니다.
11. Loisel은 아버지로부터 상속받은 재산을 사용하여 비용의 절반을 감 당하고 나머지는 높은 이자율로 차용합니다. Mathilde는 원래의 분실을 언급하지 않고 목걸이를 Jeanne에게 돌려주었으며 Jeanne은 눈치채지 못했습니다.
12. Loisel과 Mathilde는 10년 동안 빈곤하게 살았습니다. 여분의 돈을 벌기 위해 서류 복사하는 야간 근무를 하였고 마틸다는 허드렛일을 하기 위해 아름다움을 희생하면서.
13. 그들은 물론 하인을 포기하고 많은 계단을 오르는 가난한 아파트로 이사했습니다.
14. 모든 대출금이 상환된 후 Mathilde는 샹젤리제에서 Jeanne을 만난다. 그러나 그녀는 마틸드의 초라하고 단정치 못한 외모로 인해 그녀를 거의 알아보지 못합니다. Mathilde는 Jeanne에게 목걸이의 분실 및 대체와 그로 인한 대출의 상환으로 겪은 어려움에 대해 이야기한다.
15. Jeanne은 그녀가 Mathilde에게 빌려준 목걸이는 가짜 다이아몬드 제품으로 500 프랑 정도의 가치가 있다고 밝힌다.

Key Words

1. aristosrat 2. clerk 3. servant 4. invitation 5. refuse
6. buy dress 7. diamond necklace 8. enjoy the ball
9. lost necklace 10. replacement 11. borrow money
12. poverty 13. por apartment 14. not recognize 15. fake

55. SAVING PRIVATE RYAN
(라이언일병 구하기)

1, 4 STAR PENNANT

2. A CAR COMING

3. FASCINATED

4. THREE SONS KILLED

5. 4 BROTHERS PARTICIPATED

6. YOUNGEST SON

7. CHIEF OF STAFF

8. RESCUE TEAM

9. 5 SULLIVAN BROTHERS

10. BANNED

11. AIRBORNE TROOPS

12. VICTIMIZING

13. WHERE IS RYAN

14. ORDER OF RETURN

15. EARN IT

55. SAVING PRIVATE RYAN (라이언일병 구하기)

1. In rural Iowa, the mother of four brothers enlists four sons into the military, hangs a four-star pennant at the window.
2. Sees a car coming from a distant field and wants to go out.

3. Then, as soon as she see the army officers and the chaplain get out of the car, she is fascinated and sit down.
4. The mother is told that the three sons have been killed.

5. During the Second World War, all four brothers of the Ryan family enlisted in the U.S. military.
6. Three of the sons, except the youngest, died in the Pacific Front and Normandy landing operations respectively. Even the youngest son was left behind alive or dead on the battlefield.

7. Upon learning this, US Army Chief of Staff George C. Marshall decides to save the last youngest son and send him home.
8. So he ordered to dispatches a rescue team.

9. The story began with the tragedy of the US Navy's light cruiser USS Juneau, the five Sullivan brothers who were killed by USS Juneau sunk in the Battle of Guadalcanal during the Pacific War.
10. Since this incident, the US military has strictly banned a brother from serving in the same unit or warship.

11. D-day +7 days before and after the Normandy region, about 70 to 80% of the airborne troops to which Ryan was assigned to were destroyed.
12. And even surviving troops were contantly victimized.

13. It wasn't possible to confirm where Ryan was whether he was alive or dead.
14. When he receives order to return, he insists that he cannot abandon his comrades. Then his father had to come to convince him.

15. "Earn this... Earn it."

1. 미국 아이오와 주 시골에서 라이언 4형제의 어머니는 아들 넷을 군에 보내고 별 4개(4 아들 의미)가 그려진 페넌트를 창문에 걸고 지낸다,
2. 먼 벌판에서 오는 차를 보고 무슨 일인가 싶어 밖으로 나간다.
3. 그리고 정복 입은 육군 장교와 군목이 차에서 내리는 걸 보자마자 넋을 잃고 주저앉는다.
4. 라이언 4형제의 어머니는 세 아들이 전사했다는 비보를 전해 듣게 된다.
5. 제2차 세계대전 당시 라이언 집안의 4형제가 모두 미군으로 참전했는데, 그중 막내를 제외한 세 명이 태평양 전선과 노르망디 상륙작전 중 각각 전사하고 만다.
6. 하나 남은 막내아들(Mat Damon) 조차도 전쟁터에서 살아 있는지 죽었는지, 모르는 상황이었다.

7. 조지 C. 마셜 미 육군참모총장은 이 사실을 듣고 마지막 남은 막내아들이라도 살려서 집에 보내자고 결심하고,
8. 라이언 일병 구출팀을 파견하라고 지시한다.
9. 이 이야기는 미 해군의 경순양함 USS 주노에 탑승했던 수병들인 설리번 5형제가 태평양 전쟁 때 과달카날 해전에서 USS 주노 경순양함이 격침되면서 전부 전사해 버린 비극에서 시작되었다.
10. 이 사건 이후로는 미군에는 형제가 같은 부대나 함정에 근무하는 것을 엄격히 금지하고 있다.
11. 노르망디 상륙 D+7일 전후의 노르망디 후방지역에 투하된 공수부대 중 약 7~80%의 대원이 궤멸당하고,
12. 생존한 부대원들마저 계속적으로 희생당하는 상황이었다.
13. 그래서 라이언일병이 어디 있는지, 생사조차 확인을 할 수가 없었기에 결국 구출대를 파견한 것이다.(8명 중 6명 전사)
14. 상부로부터 귀환조치를 받았으나 라이언은 전우들을 버리고 갈 수 없다고 버텨서 아버지까지 설득하러 와야 했다.
15. "우리의 희생을 보람 있게 해 다오."("꼭 살아서 돌아가, 잘 살아야 돼." 우리의 희생을 값있게 해 다오.-구조대장 톰 행크가 죽으며 남기는 말.)

Key Words

1. 4 star pennant 2. car coming 3. fascinate 4. three sons killed
5. four brothers paticipate 6. youngest son 7. Chief of staff
8. rescue ream 9. Sullivan brothers 10. banned
11. airborn troops 12. victimised 13. where is Ryan
14. order of return 15. earn it